汲古選書 38

中国民主化運動の歩み

―「党の指導」に抗して―

平野 正 著

目次

第二部　中国社会主義の特徴

中国民主化運動の歩み

――「党の指導」に抗して――

序章　中国共産党の指導と民主主義

中国共産党統治下の民主主義の問題は、一貫して〝中国共産党の指導〟との関係の問題であり、〝中共の指導〟を承認するか、否かという問題である。したがって中国における民主主義を問題にする場合、〝中国共産党の指導〟の問題をどのように理解するかが主要な課題であるといえる。

中華人民共和国の成立以来、いく度かの民主化運動――民主主義を要求する運動が繰り広げられてきた。しかしそれらの運動は必ず〝党の指導〟の問題に行き当たって挫折してきた。中国共産党もまた〝党の指導〟こそが「プロレタリア独裁の本質」をなすものだと理解していたことは、一九七九年から一九八〇年にかけての民主化運動に際して、それを圧制する方針として鄧小平が出した〝四つの原則〟のなかで〝党の指導〟こそがカナメであるとの言明によって明らかである。

ここに収録している論文は、まさに中国共産党の指導とそれに対する批判がどのように展開されたかを主要なテーマとするものである。そのうちの第一部は民主化への思想と運動がどのように展開したかを実証的に明らかにしたものである。

第一章は中国革命の最終段階において〝中共党の指導〟がどのように確立され、中間派の民主党派にたいする対等・平等の関係から支配・従属の関係に変わっていったのかという過程を明らかにしようとしたものである。ここでは民主党派内に存在していた中共との対等平等の関係と、民主党派の独立自主という思想に対して、それは〝中共党の指導〟を承認しない思想であるとして批判することをとおして、また民主党派内の反中共的思想の存在を民主党派の組織問題としてとりあげ、中共が政治的・組織的に民主党派内の組織問題に介入し、それによって問題を処理させることを通じて、民主党派に対する〝中共の指導〟を確立していった過程を明らかにしたものである。一方、民主党派の方からは、それを政治的にも組織的にも承認せざるを得ない状況が、革命の最後の段階では作り出されていたのである。その状況とは、中国革命の性質に根ざすものであり、中国革命が基本的に武力闘争を本質とし、武力こそが決定的な意味を持つという特質である。したがって、中共の武力が革命の帰趨を決めるという革命の最終段階において中共が決定的な力を持って革命の全局面をリードしていくことになる。それはまた、国際共産主義運動のこの時期の思想の反映でもある。ユーゴ問題をきっかけにして東ヨーロッパの人民民主主義の体制が否定され、ソ連型の「プロレタリア独裁」＝共産党の独裁的支配体制のみが正当であるとの思想は世界的な傾向であり、中国共産党の思想もまたこの傾向の外にいることはできなかったことの反映でもある。

第二章では中国革命の達成を承認することが、同時に中国共産党の方針の承認へと導いたことを、当時「自由主義者」といわれた知識人の思想的変化――国民党と国民政府への支持から中国共産党と中共が指導する革命の支持へと転換していく過程を明らかにしたものである。この自由主義者の思想的変化の過程で、中共系の論者の批判がどのようなものであったか、それは明らかに文学者の間に見られた攻撃的・打撃的な批判とは異なっているように見受けられる。自由主義者の思想的転換は現実に直面しておこなった自主的・自発的なものであったと言ってよいであろう。

しかし中共の〝指導〟が実質的な支配になるという体制が確立した段階において、知識人とその党派である民主党派の中共に対する態度と要求は異なるものとなっていく。一九五六〜五七年における「整風運動」のなかで示された論理は、中国共産党の権力が確立された後の〝党の指導〟の実態を明らかにし、それに対する知識人などの痛烈な批判を示したものであった。第三章はその問題を取り扱ったものである。「整風運動」に先立って展開された一九五六年の「争鳴」運動のなかで提起された中国共産党と民主党派の間の「長期共存・相互監督」という方針は、民主党派の間に〝中共の指導〟について新たな変化への希望を生み出した。それは「民主党派の政治的自由と組織の独立の尊重」がなされるべきだという期待であった。民主同盟の中央委員である沈志遠は次のように論じている。「民主党派の政治的自由と組織の独立を尊重するという原則」と「党の指導を受けるという原則」とは「衝突しない」し、両者は「矛盾するものではない」と言い切っている。さらにその政治的自由とは、民主党派が政治協商会議を脱退すること、党の指導を拒否することを含めての自由であるとも述べている。そしてその「政治的自由」を保障するものが、「組織の独立」であると指摘しているのである（「論〝長期共存・相互監督〟」『人民日報』一九五六・一一・二〇〜二一）。この論理は「民主党派の政治的自由と組織の独立」ということと、「党の指導」との関係の本質に迫る問題提起であった。しかし沈志遠の論理はこの両者の関係を論じながら、さらに歩を進めて〝党の指導〟の本質に迫る理論的な切込みをすることがなく、つまり〝党の指導〟と民主化・自由化の関係を深く追求することがなく、基本的に〝党の指導〟を承認するものとなっていた。ここにこの時期の民主と自由を要求する理論面における限界があり、その不十分さが翌年の「整風運動」のなかで毛沢東の反撃を許す根拠となったといえるであろう。

一九五七年五月～六月にかけての、わずか一か月に満たない間の「整風運動」のなかで、知識人や民主党派人士の展開した批判は、〝党の指導〟の実態が行政面における「党の独裁」に他ならないことを明らかにしたのである。そしてこの批判は、「党の指導」のあり方への批判にとどまるものではなく、プロレタリア独裁そのものへの批判に発展していくのは当然の成り行きであった。しかし現実の論理の展開はプロレタリア独裁の本質を残したまま、その形態のみを批判することとなるのである。章伯鈞の複数政党制への要求や二院制議会の設置への要求にそれはみられる。それは本質的に「党の指導権」の否定に導くものではなかった。このような理論状況のなかで「プロレタリア独裁」そのものに問題の根源があると明確に指摘したのは儲安平である。彼の論は「プロレタリア独裁」の思想そのものに問題の本質があることを明らかにしたのである。この論点は先の沈志遠などが展開した論の限界を超えるものであり、民主主義の実現に向けてさらに一歩を進めたものであった。それが中共への批判の行き着くところであった。しかしそれこそが中共の恐れるところであり、許しえないところであった。かくて毛沢東の反撃＝「反右派闘争」が始まるのである。この反右派闘争は中共への批判を封じただけでなく、中共党内の毛沢東の絶対的〝権威〟を確立させ、毛沢東による大躍進という主観能動性の一面的な強調から人民公社への盲進を許し、その失敗に対する党内外からの批判を抑えつけることによって、毛沢東の個人専制を強めて、果ては「プロレタリア文化大革命」に行き着くのである。

毛沢東が始めた「プロレタリア文化大革命」は、〝党の指導〟の行き着く先がどのようなものであるかを全国民の前に明らかにした。それゆえ文化大革命以後の民主主義と自由を求める運動は毛沢東への批判を前面に掲げ、〝党の指導〟そのものを問題として展開されるようになる。

第四章は、文化大革命以後、大きく盛り上がった民主化運動の一環として展開された民主主義論の特徴を扱ったものである。それは文化大革命がもたらしたマイナス要因を批判することから民主主義と自由への論理を展開しているのが特徴である。ここでは「封建的残滓」と「封建的伝統の影響」の存在を認め、その克服を当面の課題として掲げていることが特徴であり、五七年の「整風運動」のなかでは見られなかったものである。それは「文化大革命」という中国社会の全体を巻き込んだ〝内乱〟といわれる大混乱を経た後の民主主義への認識の深化を示している。それは文化大革命の悲劇をとおして明らかになった「封建的専制支配」の実体験を基にした認識の深化であったということができる。それはまた文化大革命の思想に対する批判であり、〝封建的残滓〟の克服こそが民主主義思想の実現だと位置づけているのであり、毛沢東の支配に対する批判であり、毛沢東の〝無謬性〟にたいする批判でもある。このような毛沢東に対する批判へと発展する過程は、一九七八年五月以後の「真理の基準は実践である」という命題に対する討論をきっかけとする文革反対派の文革派に対する論争に始まり、さらに一一月から一二月にかけての北京西単の「民主の壁」に象徴される民衆の文革派への攻撃へと発展させられたといってよいであろう。この壁新聞（大字報）のなかで展開された毛沢東への批判は徹底的なものであり（「現代の皇帝権力」、「秦の始皇帝」、「ファシズムの理論体系」など）、民衆の自覚の程度が民主主義実現にむけて大きく前進していることを示していた。文革反対派（＝鄧小平派）はそれを利用して文革派との党内闘争に勝利し、その後の方向を確立しえたのである。

しかもこの時の文革と毛沢東への批判は、中共の支配とプロレタリア独裁への批判、およびその否定へと行き着く様相を示していた。そしてそれは七九年二月のベトナムへの侵略戦争に反対する論議として発展していくこととなる。それは中国共産党の〝放〟の政策によるものではなく人民大衆の公然たる民主化運動であり、中共の反文革派（＝鄧小平派）の当面の政策に対する真正面からの反対の意思表示である。したがってそれは民衆自身の政治への直接参加を示す出来事であった。この事実の中に、これまでにない民主化への本質的な前進が見られたといってよいであろう。

民衆のこのような理論的・思想的な前進にたいして、中共（鄧小平派）は〝党の指導〟にあくまでも固執し、民衆の声と行動を抑えるために、鄧小平の〝四つの原則〟の提示による民主化運動の全面的な弾圧を決意するにいたったのである。その結果、西単の「民主の壁」は閉鎖、撤廃され、民主化運動の活動家の何人かは逮捕されるに至った。それによって四月以後、民主化運動は衰退せざるを得なかった。しかし民主化運動の底流は中共に対して新たな問題を提起していた。それは中共の指導の下での「民主化」か、大衆の要求する真の「民主化」かという問題である。それゆえ七九年四月以後、「指導され制限された民主主義」か、「人民が主人公の真の民主主義」かという理論問題が浮かび上がってくるのである。それは

〝党の指導〟の強調の論理と〝自発的民主主義〟の論理の闘争である。この民主主義論は人民大衆が自発的・主体的に政治に参加し、国家の管理に参加する民主主義論である。この時、この闘争の中で鄧小平は

〝四つの原則〟のうち最も重要なものは〝党の指導〟であると述べて、人民大衆が主体的に政治に参加することを拒否したのである。この事実の中にこの時期の民主主義運動の大きな特徴があるといえる。それはこの時期の民主主義を要求する運動が、五七年の整風運動の中で党に対する批判者たちが党の反撃に対して、ただちに「頭をたれて人民に謝罪し」たのと異なり、「頭を上げて」党の指導に反抗し、民主主義を要求する運動を継続し、党の弾圧に抗して戦い、獄に服した理論的・思想的根拠となっているのである。ここにこの時期の民主主義運動の前進があった。

七九年九月、中共は一一期四中全会を開いて、文革に対して否定的な評価を行うとともに、毛沢東に対しても客観的な評価を加えるようになった。また民主主義の流れの一環として、〝党の指導〟のあり方も論議されるようになった。しかしその民主主義論は人民大衆の主体的な政治への参加、国家管理への参加の思想とは程遠いものであった。

理論面においては、八〇年秋以後〝党の指導〟を前提とした上での民主主義という論調が出されてきて、民衆の民主化への動きを「〝党の指導〟のもとでの〝民主主義〟」という枠内に封じ込めようとする動きが出てきた。それは民主主義の実現には〝党の指導〟という中共の思想の否定が前提とされなければならないという論議が表明され始めたことに対する中共側からの反撃であった。

ここにおいて〝党の指導〟の否定か、それとも〝党の指導〟の堅持かが、中国における民主主義実現の最大の鍵として争われることとなったのである。第四章はこの間の事情を論証したものである。

この論文より後の時期の一九八六年と一九八九年の民主化運動は〝党の指導〟と民衆の意思が直接的に

衝突し、真の民主主義の実現のためには〝党の指導〟の撤廃こそが必要であることを実践によって示したものということができる。〝党の指導〟の否定は、この段階ではすでに理論の問題ではなく、実践の問題となってきたことを示していた。本書では、この時期にまで実証的な研究を進められてはいないが、論理的な展望については、第六章の中で展開している。

第二部は中国の民主主義の問題を概括的に扱ったものである。

第五章と第六章は一九九〇年代の「社会主義陣営」の動揺と崩壊という世界史的状況の中で中国の社会主義と民主主義がどのような展開を見せるのかという問題について、『歴史評論』編集部の求めに応じて書いたものである。したがってこれら二つの論文は事実の探求よりは歴史的視野に立って論じた概括的な論及という内容を持つものである。

第五章は東欧の「共産党の指導体制」が崩壊し、民主化が進行しているという事態を受けて、中国共産党が「中共指導下での多党協力」(八九年一二月)の方針をうち出し、中国がソ連・東欧の一党独裁とは異なった多党協力の体制であって、それは「中共の指導」と矛盾しないという中共の論に対して、中国共産党の言う〝多党制〟が民主主義的政治体制とはいい得ないことを批判的に論じたものである。第五章の「付論」は、「多党論」とは直接的に関係するものではないが、中国近代における政党がどのような性質と実体を持っていたかを中国国民党と中国共産党の両者についてみたものである。そこに見られる特徴は国民党においても共産党においても、必ずしも近代的民主主義的な実体を持ったものではなく、中心的指導者個人の権限が異常に大きく、独裁的体制が貫いていたことを論じたものである。その特徴は国民党と共産党以外の民主党派といわれる中間的な党派についても同様に見られ、民主主義的実態とは大きくかけ離れていたといえるのである。国民党革命委員会（民革）しかり、民主建国会（民建）しかり、民主同盟（民盟）においてさえ、同様な様相を呈しているのである。中国における近代政党の立ち遅れた姿がそこにあったといえる。

第六章は第四章で扱った時期以後の八〇年代後半の民主化運動とその論理を焦点にして、中国の「社会主義」と民主主義の関係を論じたものである。ここでは中国の「社会主義」の特徴を中国革命の特質に求め、それが基本的にナショナリズムを基礎にした〝民族革命〟を主要な内容にしていたものであったと捉えて、それが今〝新しいナショナリズム〟の形態をとりつつあり、したがって中国の民主主義の実現のためには、中国共産党の〝党の指導〟の克服と同時に、〝民族的伝統〟の克服がなされなければならないことを論じたものである。

第一部　中国民主化への背景と動向

第一章　中共と中間党派との関係の変化

はじめに

中国民主同盟はその組織を非合法化された段階で開いた四八年一月の三中全会において、「革命的民主派」として自らを位置づけ、中間派の路線の中心的内容である「公開」・「合法」の立場を放棄して、中国共産党との合作の方針を明らかにし、プロレタリアートの革命指導権を承認するにいたった。民主同盟三中全会の新方針は、民主同盟の性格の大幅な変更であり、それがプロレタリアートの革命指導権を承認したことは劃期的な変化であった。その革命指導権の承認は、中国共産党と民主同盟との政治目標の同一性と、その目標実現にいたる過程の一致性にもとづくものであるとされた。このことが四八年五月のメーデー宣言の中で中共がおこなった「新政治協商会議」のよびかけに、民主人士が熱烈に呼応し、大衆的な革命運動としてこの運動を展開していく条件をなしていたのである。しかしプロレタリアートの革命指導権のこのような承認は、ただちに中国共産党の「指導」の承認を意味するものではなかった。プロレタリアートの革命指導権の承認と、中共の「指導」の承認との間には、なお大きな距離があった。というのは革命の指導権（＝ヘゲモニー）と「指導」とはその理念においても、実態においても別の事柄であり、組織的な位置関係という点から見ても、まったく異なったものであったからである。組織的には、前者は対等平等な関係に立ちうるものであり、後者は対等な関係とはなりえず、従属的な関係に立つことを前提とするからである。

それにもかかわらず、なぜ、どのようにして、民主同盟がプロレタリアートの革命指導権の承認から、中国共産党の「指導」の承認にいたったのか。ここに中国の第三勢力の重大な政治的転換があったと考えられる。それは一九四六年以来の中国知識人層の革命的転換の延長線上に立つものであったという一面をもつものではあったが、しかし同時にそれは、かれらが一九二〇年代以来追求し続けて来た民主主義の理念の大幅な変更を意味するものであり、それが一九四九年、人民共和国樹立以後の中国の政治状況を決定づけ、その政治的方向を決定づけた重要な要素の一つとなっているのである。ここに中国第三勢力の政治的「転換」のもつ重大な政治的意味があったといえるし、この問題を究明する意味もまたそこにあるのである。

一、革命派の組織への転換

三中全会において「革命的民主派」として自己を位置づけた民主同盟のその後の活動は、四九年一二月の民主同盟四中全会政治報告において、次のようにのべられている。「都市にあっては大衆の中に深く入り、農村に深く入り、あるいは敵の陣営にもぐりこんで各種の工作に従事し」、「断固として地下に転じて工作をつづけた」[1]と。非合法化された民主同盟が反米帝・反封建・蔣介石政権打倒の闘争を継続して展開しようとすれば、このような「地下」活動、非公然活動以外にありえなかったことは明らかであり、そのような活動は人民大衆と密着した活動以外には不可能であった。そこから、民主同盟の革命的姿勢はいっそう明確になって来ざるをえなかった。

中共のよびかけにこたえて、四八年五～六月に展開された新政協運動は、民主同盟の政治姿勢の革命的変化を明瞭にしめすものであった。六月一四日に発表された民主同盟の声明は、この運動が独裁政権の打倒を早め新民主主義の中国を創り出す前提となるものであることを明確にして、七項目にわたる民衆運動展開の具体的方針を提起し、この運動の性格が民衆的な規模でたたかわれなければならぬものであることを明らかにしていた[2]。これは三中全会以前の民主同盟の活動が、主として「上層」の、一部の知識人の政治舞台での動きとして展開されたのと比べてみるとき、大きな変化であったということができる。

このように大衆的な要求を獲得し実現する大衆的革命運動として、新政協運動を展開しようとすれば、それに応じた民主同盟の組織的対応が要求されることは明らかである。しかもこの運動が非公然・非公開の「地下」活動を通じて行われなければならないという政治情勢のなかでは、その対応は組織の成否をわかつほどの重要性をもつものといってよい。民主同盟三中全会がその組織方針として、「民主集中制」の組織原則を採用したことの意味はここにあったのであるが、同盟の組織的な整備、「地下」活動への組織的対応は、三中全会後の重要な課題とならざるをえなかった。しかも民主同盟がその成立以来、公然・公開の原則で活動し、組織されて来たこと、またその構成員が主として小ブルジョア知識分子と民族ブルジョアジーによって占められていたという階級的基盤、さらに民主同盟が諸党派の連合体として成立して来たという歴史的背景は、民主同盟の組織的性格、組織的欠陥を規定していた。四八年秋に出された論文（李文宣「怎様健全小組」）は、その欠陥を次のように指摘している。「実際に民衆運動の工作をしている者でさえ、同盟内でグループに編入されることを願わず、編入されてもグループを正しく視ず、簡単にグループを解消し、不健全なものとしてしまう」(3)。またグループ会議も開かず、グループの長を選出せずに責任者が存在しないといった状況もあり、さらにグループ会議を開いても、「ただ会議を開くことに満足している」だけで、会議の内容は「みんながただ騒がしく、巷のニュースを語り、上級組織の批判をするだけで、空談議をして工作の討論は少しもなく、問題の研究もまったくない」という状況でさえあった(4)。このような組織の実態の生まれて来る要因は、その構成員の社会的性格によるものであることは明らかである。同論文は「組織に編入されるのを嫌うものは、大半が学者有名人などの自由主義分子であり、かれらはいかなる拘束をうけることをも嫌い、グループ生活がかれらに適さないものと考えている」からであると指摘し、さらに民主同盟の歴史的背景をもつ要因については次のように述べている。他党派の党員であって、民主同盟に加盟しているもののなかには、「民主同盟をその党派の外郭の大衆団体と見做し」、「厳格に民主同盟を尊敬して活動する」ことをしない傾向が一部にあらわれている(5)。

民主同盟のこのような歴史的・社会的背景をもつ組織的欠陥を克服すること、「民主集中制」の組織原則にのっとった大衆的で戦闘的な組織を確立することは、三中全会の決定した政治方針の実現に欠かすことのできない要件であった。先の論文もそのことを目的として出されたものであった。同論文は民主同盟のグループが基礎組織であり、同盟の政治任務を遂行し、大衆と直接結びつく組織であって、同盟の方針を大衆に、大衆の要求を同盟に反映させ、大衆闘争を指導する組織であるという政治的位置づけを明らかにしたうえで、その組織の仕方をも懇切に明らかにしていた。また規律の厳格な遵守と組織の防衛にも配慮を加えるなど、厳格な組織原則と組織生活の確立を追求していた。このような組織原則と組織生活の確立は、グループ（小組）という基礎組織とその活動を重視すること、そこでの大衆との密着を重視することによって、真に大衆闘争を指導しうる力量をもち、三中全会の決定した「革命的民主派」としての方針を実現しようと意図するものであった。そのことはまた、他方で、民主同盟を諸党派の連合体というルーズな組織から、政党としての性格と実態をもった組織として確立する志向を、必然的にもつものであった。

このような志向は、四九年に入るといっそう強いものとなって来る。民主同盟機関誌『光明報』新二巻第一〇期の論文は民主同盟の組織的性格について次のような見解をうち出した。民主同盟は「今日の中国の民主運動の統一戦線的機構」であり、「民主主義を実現するための中間政党の大連盟」であるとその基本的性格を規定しながらも、同時に「組織的な表現ではプロレタリア政党のように厳密で、強固なものである」と、その組織的あり方を展望していた。(6)『光明報』同号のいま一つの論文は、民主同盟を構成している主要な部分である知識人の「個人主義、自由主義、主観主義」の克服を課題として、「大衆観点」という概念を提起して、知識人が実際の「革命工作」のなかで大衆に接近し、大衆と深くかかわることが歴史の前進方向にそうものであると指摘していた。(7)この論文もまた知識人の思想変革と、かれらの革命的・

大衆的な立場への移行をうながすものであった。

以上のような三中全会にはじまる民主同盟の政治的転換は、組織的には同盟の「政党化」――プロレタリア政党的な厳格な組織・規律をもった組織体――への転化をうながした。それはかつてのように中間党派の連合体＝「統一戦線的機構」から、単一の「民主集中制」にもとづいた厳格な規律をもった組織として確立することを意味した。(8)非合法下での非合法・非公然の革命的活動という政治任務からすれば、それは当然に要求されるものであった。しかし民主同盟が目標とする「あるべき姿」と現実の組織的実態との落差は、甚だしいものがあった。四八年秋からの民主同盟の組織的整備の課題――革命的組織への転換――は、革命情勢の進展ともかかわって、緊急の課題となって来ざるをえなかった。それは第四節で述べるように中共の九月会議の方針と密接にかかわって提起されて来たものということができるであろう。

二、民主党派と中国共産党の組織的関係

民主同盟は三中全会において、「革命的民主派」の立場を確立し、中国共産党の革命指導権を承認した段階で、中共との関係をいかなるものとして位置づけたであろうか。それは三中全会の政治報告が明らかにしているように、「革命的友軍と密接に団結し、合作すること、なかんずく中国共産党と密接に合作(9)」することであった。この立場は中共の革命の指導権は承認するが、中共と民主同盟との組織的関係では、対等平等の関係であることを前提とするものであって、組織的に指導、被指導という関係に立つものとは

意識されていなかった。

これ以後の新政協運動のなかで展開された鄧初民の新政治協商会議の性格とそれが生みだす「民主共和国」の性格の理論的規定においても、「プロレタリアートの指導権は必須の条件である」としながらも、その階級的性格は「革命的階級の連合独裁」であると述べ、中共の「指導的作用」には言及していたが、プロレタリアートの政党である中国共産党が、民主党派を指導するという観点は存在していなかった[10]。かれは、次の論文で、さらに「指導権とは何か」について再論し、「それは革命的階級およびその政党が革命の任務を徹底的に完成するかどうかということである[11]」と述べていた。ここではかれは「プロレタリアートとその政党の指導」が、中国の新民主主義の政治・経済・文化の改造と建設に不可欠の要素であると、「指導」の概念について一歩進めた論を展開してはいたが、その「指導」の具体的なあり方、内容については明らかにしていなかった。

四八年の春から夏への段階においては、民主同盟などの中間的諸党派と中共との関係は右のようなものであったといいうるであろう。しかし、新政協運動が大衆的な運動として展開され、都市における民族ブルジョアジーの反米扶日運動と自救運動の展開、農村における農民の食糧徴発・徴兵反対運動の高揚、戦場における国民党軍の敗北の明確化という情勢——革命の勝利が明らかになりつつある情勢が生まれる中で、「指導権」の問題と「指導」の問題は大きな問題として浮かびあがって来ざるをえなかった。一般的に見て、四八年一〇月ごろまでは、民主諸党派の認識は、中共の革命指導権を承認しながらも、その両者の組織的関係は、対等平等の関係と意識されていたといってよいであろう。それは民主同盟の一翼をになっていた中国農工民主党〔第三党〕の中央拡大会議〔四八年九月〕が採択した「政治決議」に見ることができる。

同決議は農工民主党の当面の政治任務と今後の展望を明らかにした長文のものであるが、そこでは中国の真の平和の実現と世界の恒久的な平和の確保を二つの目標とし、その目標の実現のために民主党派と共同して奮闘することを明らかにし、その奮闘の内容を次のように規定していた。労働運動は第六回全国労働大会で成立した中華全国総工会の方針のもとに統一し、全国の人民解放運動と結合し、農民運動では貧農・雇農の組織化をすすめ、武装闘争では各民主党派と連合し、農村の革命政権の形態では、農民組合を主体とする郷村人民代表大会をもって、郷村の人民の新政権を樹立して、土地革命を実施する。経済政策では民族工商業を保護して、官僚資本と米日の経済侵略に反対するなど、各階級各階層にわたる政策を提示していた。そのなかで、全国総工会を「全国の労働運動を団結する統一的指導〔機関〕である」ことを認め、農民闘争の中から生まれた人民武装が、反封建反帝のために最も必要な力であることを認めて、「なかんずく中共が武装闘争の豊富な経験と幹部を擁しているのであり、われわれが人民の勝利をかちとることを最高の原則とし、戦闘の利益を重視し、中共の戦友を尊重し、実際の必要にてらして、指導を統一し、合作を強化しなければならない」と述べて、現実の革命闘争の中で中国共産党の指導的力量と指導的役割――指導を認める立場をしめしていた(12)。しかしこのことをもって、農工民主党が中共の指導のもとに従属する立場に立ったことを意味するものではなく、軍事的闘争という一局面に限っての指導を承認したにすぎなかったのである。「政治決議」の思想は、全体としては、中共との関係において、対等・平等の関係にあるとの立場を主要なものにしていたといってよい。決議はその点について次のように述べている。

「中国革命の現段階にあって、中共は新民主主義の道を採り、本党が従来から主張して来た農民と労働者を中心とした平民の民主政権と完全に同じである。将来社会主義を実現するために奮闘するという目的においてもまた一致する。ゆえにわれわれと中共とは単に今日において反帝反封建反官僚資本の革命の戦友であるだけでなく、新中国を建設する長期の合作者でもある。これは歴史の規定するものである。本党がこれまで中共と合作したことは、中国人民の団結と勝利を増大させた。今後は……広大な民主陣営の実際の闘争のなかで、友好的な合作を増加させるであろう[13]」。ここから明らかなように、農工民主党の「政治決議」は、中共を当面の民主革命においては「戦友」と見、将来の社会主義建設においても「長期の合作者」ととらえていたのである。そしてその理論的根拠を両者の政治目標の一致性においていたのであり、一方で革命に対する中共の豊富な経験にもとづく指導的役割を認めながらも、両者の組織的関係については、指導と被指導（＝支配・従属）という関係ではなく、対等の関係としてとらえていたということができるのである。

そのことは次の表現によっても明らかである。郷村人民の新政府が樹立され、「政権が強化されて以後、土地改革を切実に実行し、〝耕者有其田〟を完全に実現する。われわれのこの主張と中共の『土地法大綱』の基本方針とは一致する」と[14]。この決議に見られる認識は、明らかに農工民主党が、中共の革命指導権を承認しながらも、革命の過程においては、組織的にも、政治的にもその独自性を維持し、中共との対等な立場を主張するものであった。そこから、この決議にもとづいた党の団結と組織の強化が要求されることとなる。「党を団結させ、党を強固にし、党の意志を集中し、行動を一致させる」ことは、「中国革命に対してさらに大きな力を出して貢献することである[15]」と。

この点からしても党の独自性の強調、中共との組織的な対等平等性の主張は、中共に対抗して、それと対立してというものではなく、中国革命の前進の見地からなされていたものであったといいうるであろう。もちろん第三党としての独自性の強調は、中国革命の進展のなかでの独自の役割、独自の政治的地歩の獲得という意図があったことは否定できず[16]、その意識は革命運動の高揚のなかでの党組織の拡大という事実によって裏づけられていたといってよいであろう[17]。ここから、拡大政治会議の任務として、整党——革命の任務の実践に耐えうる党の建設の課題が提起されて来ることになったのである。

このような中間的党派の独自性の強調の理論は、中共の革命指導権の承認という事態の中で、中間派の人士と中共によってどのようにむかえられたであろうか。

民主諸党派の多くの人士は、農工民主党の中央拡大会議の政治決議が、反帝反封建の立場を明らかにし、「ある種の妥協的傾向の危険に打撃を与える」ものであること、当面の革命の統一戦線を発展させる正確な方向を決定したことに賛意をしめし、歓迎の意を表するものであった[18]。しかし農工民主党の政治決議の思想の一面——中共との対等平等性を追求する思想に対する批判も展開された。その一つは民主促進会の馬叙倫によるもので、かれは人民民主革命のもたらす民主主義とは、多くの知識分子が考えているような英米式の選挙とか、議会をもったものというのではなく、「人民が国家の主人公となり、国家の主権が人民の手中におかれることである」[19]と主張して、農工民主党の中共との対等平等性の思想から生じうると考えられる傾向に対する一つの批判的見解を表明していた。しかし馬叙倫は他方で、「人民民主主義革命の意義は、プロレタリアートの革命ではなく、すべての人民の合理的な利益をはかる革命であり、だからプロレタリアートの政党によって指導されたといっても、プロレタリアートの政党の一党独裁であることはできず、必然的に各階級の連合独裁である。換言すれば、まさに全民政治であるということができる」[20]と述べて、諸階級の連合の面を強く意識してもいたのである。しかし、ここでもかれはその連合の形態がいかなる形をとるかについて明確な展望をうち出すことはできなかった。

政治決議に対するいま一つの批判は、中共系の論者によってなされたもので、プロレタリアートの指導、中国共産党の指導の面を強調し、農工民主党の中共との対等平等の思想に対する強い警告を発するものであった。その論者はいう。「新民主主義の革命はいかなる革命でもなく、それはただプロレタリアートの指導を必要とするだけなのである。この革命はいかなる他の階級いかなる他の政党をも指導者とすることはできず、ただプロレタリアートと中国共産党を指導者とすることが必要なだけである」。「中国の今日の革命は、政治・軍事・経済・文化・教育のいかなる面においても、中国共産党の強固な指導がなくては成功することのできぬものである」。「いかなるその他の民主党派も、反動派によって中共の尻尾とそしられることを考慮する必要はまったくなく、率直に中共を中国革命の盟主として尊重すべきである」[21]。ここにきわめて率直に指摘されているように、中国共産党を盟主として尊重し、その指導を必要とするという思想があらわれて来たといってよい。このことは中共と他の民主党派との関係を指導と被指導の関係におくことを意図するものであって、農工民主党の「政治決議」がしめしている対等平等の関係での合作を否定するものであった。

四八年秋から四九年の春にかけての中国革命をめぐる理論上、思想上の問題は、まさにこの点——中共の革命指導権の承認から、中共の指導を承認するか否かの問題にあった。そしてその実践的な結論は、四八年秋の段階で、一定の範囲で出されていたといってよい。

農工民主党の「政治決議」は、新政治協商会議において、「統一戦線の共同綱領を制定する[22]」ことを提起していた。これは中共をふくめた諸政党の対等平等を主張する立場からは、当然に提起されうるものであった。そしてこの決議は、新政治協商会議の開催をできるだけ早い時期、内戦の終結をまたずに開くことを予想していた。しかし新政協の開会については、「何回かの意見交換ののち、無形のうちに共同の結論に達し[23]」(傍点引用者)、民主党派の四人の指導者、沈鈞儒・章伯鈞・蔡廷鍇・譚平山が毛沢東と会見したのち、「具体的な方法に到達することができた[24]」といわれるように、中共の意向が決定的に作用し、新政協は、農工民主党の政治決議が意図したような早期にではなく、内戦の終結が決定的なものとなってから開催することとなった。また共同綱領についても中共の同意が決定的な条件となって来ていることを、次の事実はしめしていた。ここでいう「具体的な方法」が、いかなる内容を指すものであるかは明らかではないが、民主同盟秘書長の周新民(中共党員)は、これを「民主党派の追認をえたのちには、『統一戦線の共同綱領』と見做すことができる」(傍点引用者)と述べて、諸党派の代表による民主的な会議を経ることなく、中共(毛沢東)の方針が、民主党派の二、三の指導者に提示され、その合意のもとに民主党派がそれを「追認」するだけで、「統一戦線の共同綱領」が作成されうるとしていたのである。ここに中国共産党の民主党派に対する決定的な影響力と指導的な地位の確立——民主党派の従属的な立場への転落を見ることができる。この傾向は一九四九年に入るといっそう強まって来る。

三、「張王事件」の政治的意味

中国革命における中共の指導権を承認し、自らをも革命のなかで積極的な役割を果たすべく、党の強化、プロレタリア政党化の方向へと努力しながら、なお中共との関係においては対等であり、独立性・自立性を保っていた民主党派のあり方に決定的な変化を起こさせる動きが、四九年一月に惹起された。それは民主同盟の港九支部××小組の幹部活動家五名に対する除名処分である。「張王事件」といわれるこの事件をとおして、民主党派の意識と思想の面での変化と、中共との関係における組織的変化の一端を知ることができる。

「張王事件」とは同事件の調査経過報告書によれば、以下のようなものである。港九（香港・九龍半島）支部の第××小組の組長と一部の同盟員（組長李鋭鈞、同盟員仇永春・鄧錦など）の言行が、「民主同盟の立場に違反し、規律を犯し、民主統一戦線を破壊し、友党の事情をそしる」ものであったこと、また「組織の派遣した上級の同志の威信を破壊する」など、思想上「重大な反動の嫌疑がある」というもので、民主同盟中央はこれを理由に、李鋭鈞・仇永春・鄧錦・王文維・張夢醒（覚初）の五人を除名処分にした事件である。調査報告書によれば、かれらの〝反動的〟な思想は以下のように特徴づけられている。張夢醒・王文維は「共同して、一貫して異なった政治的立場に立ち、一貫した〝反民主同盟〟〝反共〟の思想をもち」、かれらの起草した文書は、トロツキスト派の刊行物である『五四運動之劃時代的意義』や機関誌

『新苗』（原名『指南針』）の思想に依拠するものであって、それは単に「思想がおくれているとか一時的な見解の誤りというものではな」く、民主同盟の敵対分子と認められるというものである。(25)

このように特徴づけられたかれらの言論と思想はどのようなものであったのだろうか。その原文を見ることはできないが、民盟中央組織部の報告書に引用された文章で見る限り、かれらの言論は以下のようなものである。

八月一八日（一九四八年）に張夢醒と李文維が起草したといわれる「政治報告」の問題点は、第一に人民解放区を「共産党支配地区（原文「共管区」）」と称して、「蔣介石支配地区（「蔣管区」）」と並列していること、第二に、「中国人民は共産党の指導下にあるのはただの十分の一にすぎず、……その他の十分の九はわれわれの努力を待っている」といい、「このたびの会議〔第六回全国労働大会のこと〕が、名誉主席として、スターリンなどの外国の指導者三人を含めている……このことにわれわれ労働運動を行っている者は注意しないわけにはいかない」、第三に「数年来共産党は再三民族的自由ブルジョアジーとの合作を歓迎すると強調して来た。このたびの会議〔第六回全国労働大会〕は、宣伝から実践的な行動に移り、蔣介石支配地区の工商業家をたたかいとろうとしている。その結果はどのようなものになるのか、われわれは現在予測することはできないが、中共の外郭にある一連の無原則的な〝左傾主義〟者に一つの教訓を与えることができる」。第四に、中共のメーデー・スローガンにこたえた在香港民主党派の声明への中共からの返電にたいして、「〔返電がおくれたことの〕原因をわれわれは深く追求するには及ばない。……最もよい方法は、工作を強化することであろう。将来の新政協を支持する力量を創造し、党の力とすることである」。

以上の引用は不十分であり、不完全なもので、かれらの思想の全体を明らかにしえているとはいえないが、ここで展開されている思想は、中共に対する強い対抗意識に裏づけられており、中共の指導に対抗し、それに反発する思想を表明しているものであったといってよい。その思想の根底がどのようなものであったかは、王文維が起草したとされる『新政協討論提綱意見』なる文章において明らかにされる。それは土地問題について、「土地改革の目的は地主を排除することであり、ブルジョアジーの利益を否定することである。もし一方で地主と小《ママ》ブルジョアジーの利益の存在を否定し、他方で開明地主・小ブルジョアジーと連合して統一戦線を強化しようとすることは、人びとをわかりにくくさせ、さらには理解させえなくする」と述べ、さらに同文書は解放区の工商業政策にたいしても、「〔この政策は〕プロレタリアートにとって、解放区における、一つの手段であって、工商界〔ブルジョアジー〕の眼ははっきりしている。これらのスローガンは、しばらくの間は存在していようが、ついには取消されるものである」と論じていた[26]。これらの論の根底にある思想は、明らかに統一戦線の思想を否定し、階級間の関係を単純な敵と味方に分類し、闘争の局面を尖鋭化させる理論であって、〝トロツキスト〟の理論であったということができる。それは民主同盟中央組織委員会の文書が指摘するように、「〝左〟の形をとって、〝土地改革〟に根本的に反対する」ものであり、「工商家が中国革命を支援しないようにし、民主同盟内で、反〝工商業政策〟をすすめることによって中国革命の陣営を分裂させようとするもの」であったといってよいであろう。張・王などはこの立場から、華北人民政府に対しても次のようにいう。「華北人民政府のなかに、各階層の人民の代表が存在しているのか。民主同盟の代表は一時的な客人にすぎず、……一種の偽装にすぎない[27]」。ここに見られる思想は、中共の革命の指導権がうちたてられている華北の新政権を中共の独裁的な支配と見る思想であって、それは将来におけるプロレタリアート独裁の政治形態の否定を意味するものであったといってよいであろう。

このような中共の指導権に対する拒否の思想が、〝トロツキスト〟の理論をふまえながら、民主同盟の一部にあらわれて来たことをどのように評価したらよいのであろうか。その一つは民主同盟の組織が、これまでの社会の「上層の」知識人、民族ブルジョアジーの階層から、より広範な、「下層の」大衆的組織となって来たことの一つの反映であることをしめしている（除名された五人はいずれも「労働者」であった）。第二にはそのことによって、必然的にさまざまな思想的潮流が同盟内に入りこんで来たこと。第三に、それらの部分に中国共産党の「革命指導権」を承認しえない部分が存在し、それが民主同盟という中間層の組織としての独自な要求と独自な主張を形成しうる客観的根拠をもっていたこと、などによるものといってよいであろう。そしてこれらの思想的潮流が四八年の夏という、革命勝利の可能性が現実のものとなりつつあるなかで中共の軍事的な困難の局面が一時的にあらわれた情勢[28]のなかで噴出して来たものといってよいであろう[29]。そしてこの思想潮流は、中共の路線に対抗し、民主同盟の方針とも異なったかれら独自の「読書会」、「××社」という秘密組織をもち、別の党を志向したのである[30]。このような潮流に対して、民主同盟中央が、その政治目標と政治方針に反するものとして、断固とした処置を行ったことは、さまざまな思想潮流を包含する統一戦線的機構から、「プロレタリア政党的」な組織への脱皮を志向している組織として、首肯できるものである。

しかし問題は、その事件の処理にいたる過程とその経過にある。この事件の処理に関連して発表された農工民主党の一月二〇日の決定文書は、事件の発端が「党〔農工民主党あるいは民主同盟〕の外からの指摘」によるものであることを明らかにしている。[31] このことは「党外」の一般大衆ということではなく、「党外」の別の政治組織つまり中国共産党からの指摘によるものと考えてよいであろう。とすれば民主党派である民主同盟あるいは農工民主党の組織問題について、中共からの批判がなされ、民主党派はそれに無条件にしたがって、事件の処理にあたったものと見てよい。このような「党外」からの指摘によって端を発したものであるという事態のつねとして、事件の調査と処分の決定には、組織内部の抵抗も大きく、解決までに多くの時間を要するのは当然であった。農工民主党の文書は次のように述べて、この間の事情を明らかにしている。事件の調査と処理に「時間が非常に長くかかった」のは、「関係する工作部門と大衆との関係が密接ではなく、革命意識においても、なお党を統一する行動に強くなく、いくらかの小ブルジョア的温情主義があり、多くの人が面子《メンツ》の観念をもち、個人的な感情を述べて政治的原則を重視しない」からであったし、また「文字の誤り〔誤った内容の文書を出すこと〕と行動とを分離して見るなどの意識が相当多く存在する」からであった。[32] これらの事情は農工民主党あるいは民主同盟の組織の内部に、この事件の処理について、多くの不同意の部分があったことをしめしている。とくに「文字の誤りと行動とを分離」して見る意識が存在したことは、これらの中間派の党派が以前から共通して持っていた普遍的な性質であった。それは四六年から四八年春までの「中間路線」をめぐる論争にしめされていたし、四七年五月の段階では、実際の行動としてもあらわされていたのであった。そのような歴史的な事情を考慮するならば、「温情主義」といい、「面子の観念」といい、「個人的な感情」といわれるものも、単なる「おくれた意識」というだけのもので把えられるものではなく、民主党派の「統一戦線的組織」としての基本的性格と深くかかわる根拠をもった思想であった。もちろん、民主党派のもつこれらの分散的思想は、民主同盟三中全会が決定した「民主集中制」の組織原則に反するものであり、民主同盟が「プロレタリア政党的」な組織に移行するためには、必然的に克服されねばならぬものであった。「張王事件」の処理は、まさに民主党派組織のそのような移行を意図してなされたものであり、それゆえ、その発端から事態の処理にいたる過程全体に、民主党派内における根強い抵抗を排除するための中国共産党からの〝指導〟があったと考えることができるであろう。民主同盟が張・王など五人の除名処分の決議を公表したのは、「対内的な教育と対外的に反動分子の陰謀を暴露する」[33]ためであると明言していることは、その間の事情をしめすものであったと考えてよい。また農工民主党がその決定において、この事件から汲みとるべき教訓としてあげた根拠もまた、民主同盟におけると同様、民主党派の革命的組織への移行の意図を明確にしめすものであった。同決定はこの事件の教訓について、それは、「反動分子」を党外に放逐するだけでなく、「反動思想」の根源を追求し、「張王事件の社会的背景を探り出」すものであり、それは「おくれた複雑な中国社会が民主党派に反映して来た」ものであって、「党の指導上・組織上の弱点でもある」と把え、そこから、「組織をいっそう純潔にし、おくれた意識を改造し、革命の指導を強化」するものとしなければならないと述べていた。[34]そして同決定はさらに党員の思想教育の内容については、「大衆から学び、中国共産党から学ぶ」ことを強調し、「科学的社会主義の理論と革命文献を精読する」こと、「毛沢東先生の新民主主義の諸著作を熟読する」ことを強調していたのである。[35]

このように民主同盟内の組織問題が、ただちにその他の民主党派の組織の問題としてとらえられ、それを教訓として全党組織への指導がなされたことは、外から――中国共産党からの強力な指導の存在を暗示するものであったということができるのであり、とくに農工民主党のこの問題に関連して出された思想教育の決定は、四九年一月二〇日であって、民主同盟中央組織委員会が五人の除名処分を公表した一月二五日以前のことであったことは、そのような外からの「指導」の存在を十分に裏づけるものであった。「張王事件」のもつ政治的意味は、そのような中共による民主党派にたいする「指導」が、これらの党派の組織問題に、直接的におよぶ端緒となったこと、また民主党派の側からは、その「指導」を無条件にうけ入れる契機となったところにあったといってよいであろう。かくて、この問題以後、民主諸党派と中共との関係は、対等な政治集団として、平等な関係に立つものではなく、「指導」と「被指導」の関係にたつものとなったのである。その関係は四九年二、三月から六月までの段階で、いっそう明確な形をとるようになって行くのである。

四、中国共産党の「指導」の無条件承認

「張王事件」とその処理の公表を契機として、この時期から、民主党派の組織態勢を整備する動き、厳格な規律をもち革命性をそなえた組織への転換が急速にすすめられるようになった。それは、蔣介石支配地区や香港から、解放区に到達した中間派の民主人士五五名が、「時局に対する意見」を公表し（四九年一月二二日）、四九年中に全面的な解放を完成するという展望のうえに立って、「中共の指導のもとで」の

「人民民主独裁」を承認し、「人民革命を最後まで遂行」する決意を明らかにした政治的動きに対応するものであった。それは新しい情勢のなかで、民主党派が革命への活動を継続して展開しようとすれば、蔣介石反動支配集団の打倒にとどまることなく、新しい人民政権の樹立とその強化の任務を負わざるをえないことはいうまでもなく、その任務に耐えうる思想的・組織的態勢の構築が要求されたからであった。

二月下旬、東北解放区から北京に入った民主人士と民主党派の指導者たちは、北京市民から歓呼をもって迎えられた。[37]この時から、かれらは新しい組織態勢の整備にとりかかった。民主同盟は、三月五日、北京に二三人の委員から成る「臨時工作委員会」を成立させて「国内外の民主同盟の事務を指導する」態勢をとり、同盟総部を香港から北京に移転することを決定した。同時に、この臨時工作委員会が総部の移転完了まで、民主同盟の対外的な代表であるとし、それが同盟の四中全会開会の準備活動を行うことを決定した。[38]

この時から、民主同盟の政治路線と組織路線の再検討の動きが本格化した。政治路線の再検討については、次のように論じられた。国内情勢の面で全国的な解放が時間の問題となり、労働者階級の平和民主陣営と、ブルジョアジーと封建勢力の独裁と戦争の陣営が明確に分化して来ている状況の中で、「独立した中間の陣営をうちたてようとすることは、その主観的善意がいかなるものであろうとも、客観的には国民党反動派の道を歩むものとな」り、それは三中全会の時点での情勢と異なって来ている。したがってここから民主同盟にも新しい任務が提起されることが必要となって来ている。三中全会が提起した「民主同盟の現段階の工作綱領」の方針――「中間層との団結を強め、特に工商業者・知識分子および自由業者などの政治面と思想面の闘争を行い、農民の抗徴運動を発動する」、「各地の工商業者の積極的な団結をうながし、工商界の統一戦線をうち立てる」——にもとづいて行われた「工商界の工作に多分に重点がおかれた」活動は、「成果が少なかった」。したがって、民主同盟の階級的基盤は、いまでも「小ブルジョア知識分子にとどまっている」。また中間路線に非妥協的に反対した三中全会の方針は正しかったが、現在の情勢の中ではそれにとどまっていることはできず、現在の方針は、人民の立場に断固として立ち、中共と協力すること、反動派を完全に消滅すること、国際主義的精神をもつこと、解放区の人民権力を強化すること、同盟の内部を整頓することであり、これらの政治方針を貫く民主同盟の立場は、以下のようなものでなければならないとされた。それは「中共の綱領の外にあって、別の独立した主張をうち出すのではなく、実際の工作において人民に服務する精神を発揮することであ」り、「地位の高低・利益の多寡を争ってはならない」ということであった。(39)

以上の論旨が明らかにしていることは、三中全会の方針の基本的正しさを肯定したうえで、新しい方針はその不十分さを補充するという側面をもつと同時に、根本的な変更をも意図するものであった。その変化は中共との関係にもっとも鋭くあらわれていた。三中全会の方針が、中共を「革命的友軍」と位置づけ、これと「密接に団結・合作」するものとして、中共との対等・平等の関係に立つものであることを明らかにしていたのに対して、この段階では、「われわれは中間層の政治団体ではあるが、中共の外にあって、別に独立した政治主張を提起する必要はな」く、「中共の綱領のほかに、別の独立した主張をもつところにあるのではない」(40)と、中共との政治方針の一致性・同一性を強調したのである。それは民主同盟という中間層の組織の独自の政治主張・政治目標の放棄を意味するものであり、組織的な対等・平等性の否定を言外にふくむものであった。

　民主同盟の組織路線上の再検討は、その階級的基盤の問題におかれた。この面での論は次のように展開された。民主同盟の九年にわたる闘争の歴史は、民主同盟が中国人民の解放事業の第二の戦闘集団であること、また、その闘争のなかで、多くの革命的進歩的知識分子と小ブルジョアジーを団結させた戦闘集団であることを証明した。民主同盟がその誕生時から維持していた政治路線は、第一に反人民反民主の国民党と断固として闘う姿勢であり、第二には中国共産党と合作し、具体的な綱領で互いに一致していたことである。情勢の発展につれて、政治路線も発展する。三中全会の方針は正しかったが、今後は、一般的なブルジョアジーの路線ではなく、中国の革命性と進歩性を十分に代表する小ブルジョアジーの革命路線でなければならず、それは、「革命的知識分子と進歩的小ブルジョアジーを核心とし、その階層の革命力量を結集し組織して、プロレタリアートの政党と密接に合作すること」である。ここから組織路線が決定されるが、組織路線の問題には、組織形態の問題と組織方法の問題がある。形態の問題とは、民主同盟を政党とするかどうかの問題であるが、現在の民主同盟の任務と組織の現状からして、政党として発展すべきではなく、不可能でもある（各党派の連合した政団であるから）。組織方針としては、第一に中共の中国革命における指導権を「無条件に承認し」（傍点引用者）、第二に中共の党外民主戦士との長期合作の声明を信頼しなければならない。組織方法の問題では、規律性と組織性を強め、各党派の同盟内での組織発展を停止させて、組織の単一化を実行することであり、組織化の対象を革命的知識分子におくことである。つまり「今後の組織活動の中心は、すべての進歩的知識分子を結集し、この部分に同盟の政治的影響を拡大する」ことであり、「今日の情勢のもとでの民主同盟は、一般的に、小ブルジョアジーを代表するものでなければならないのである」。近々開かれる四中全会において、この方針がうち出されるであろう。(41)

以上の論旨が明らかにしていることは、組織路線の上で、民主同盟をブルジョアジーと小ブルジョアジーの政団から、小ブルジョア知識人の政治集団に転換させようと意図していることである。その転換の必要としてあげられている理由は、「新中国においても、知識分子は社会の各方面において、依然として触媒的な橋わたしの作用をもっている」(42)ことにあり、民主同盟がそれらの小ブルジョア知識分子を組織するのに有利な条件を持っていることにおかれていた。それは新しい人民中国の建設のなかで、知識人が重要な役割を担いうるものであり、そのためにかれらを組織化する任務を民主同盟に課すものであった。問題はここにあげられている理由が真に民主同盟の内在的要求であったのかどうかということである。そこには、むしろ中国共産党側からする要求が強かったのではないかと想定される。

中国共産党はすでに四八年九月の会議において、「来年の上半期には」、婦女会、青年会、新民主主義青年団をつくることを決定し(43)、各階層の大衆をそれぞれの組織に組織化する展望を明らかにしていた。この決定にしたがって、四九年三月から五月初旬までに、全国学生連合会（三月五日）、全国婦女連合会（四月一日）、新民主主義青年団（四月一七日）、全国青年連合会（五月五日）が、つぎつぎに結成された。そしてこのような中共の強力な指導下の大衆組織の結成は、中共側からすると新政治協商会議への準備として重要な意味をもつものであった。このような、大衆をそれぞれの階層ごとにその大衆組織に組織化していこうとする政治的流れのなかで、民主同盟の組織路線の転換を見るとき、民主同盟を小ブルジョア知識人の組織として位置づけようとする動きは、明らかに中国共産党の全般的な組織方針に対応したものであったと見ることができるのであり、そのことはまた民主同盟を中国共産党の外郭団体の一つとしての性格と位置づけを付与するものであったと見ることができるのである。民主同盟が「政党として発展するべきではない」という指摘[44]は、そのような意図を含んだものであったと見なすことができるであろう。

民主同盟のこのような政治路線と組織路線上の転換が、同盟員に素直に受け入れられたであろうか。それは必ずしもスムースに受け入れられたとはいえないようである。それに対する否定的な態度は、中共の「革命の指導権」のあり方とその意味に対する疑問として提起されていた。その疑問は、換言すれば、人民民主独裁の内容とそのあり方に対する疑問であったということができる。それは表面的には、長期にわたる農村活動を展開して来た中共に、都市に対する管理能力があるかどうかの疑問として出されてはいたが、その真の意味は、都市制圧後における中国共産党の統一戦線政策と人民民主独裁のあり方にたいする疑問であり、不安であった。北京・天津・南京・上海・武漢などの大都市が解放されてのち、「市長・副市長あるいはその他の重要な責任者はみな共産党員である。『これが統一戦線であるのか。すべては共産党が独りでやっているのではないのか』と、非常に多くの人がやかましく言っている」。「共産党は二十年もの間、おくれた農村で活動し生活して来た」、だから「共産党員は農村を統治することはできても、都市を管理することはできない[45]」。

これらの疑問は中国共産党の〝指導〟にたいする都市中間層の根本的な疑問であり、率直な不安の表明であった。それはまた中共の提唱する人民民主独裁にたいする本質的な懐疑であった。しかしこれに対する民主同盟の理論家の回答は説得性に乏しいものであった。その回答は次のようなものであった。中共の都市管理に対するそのような見方は「旧い伝統的な支配階級の意識で問題を見る態度」であり、「指導権を独り占めと独裁と見る」誤った見方であると批判し、解放された都市で中共が重要なポストを占めているのは、「臨時的・軍事的な性質であって、正式な地位と人選は将来の新政治協商会議がうみ出す人民の民主政府によって任命される」ものであると説明したにすぎなかった。(46) このような批判と説明は、中共の〝指導〟と〝指導権〟の実質、――人民民主独裁の実態が、革命が勝利した段階において、中共による統治機構の「独占」、民主党派にたいする支配的な影響力の行使となっているという実態にたいする中間層の大衆の懐疑と不安に正しく答えるものとなっていないことは明らかであった。これらの大衆的疑問は、中共の革命指導権の承認を肯定したとしても、なおかつ権力機構と政権形態の民主的・統一戦線的形態を要求し、中共の権力機構の〝独占〟にたいして批判的な懐疑として出されて来る必然性をもっていたのである。しかし、これに対する民主同盟の理論家の論理は、中共の革命指導権の承認という論拠によって、中国共産党の権力機構の「独占と独裁」、一党「独裁」の政権形態を承認したのであった。

ここには〝指導権〟の承認と〝指導〟の承認とをめぐる重大な理論上・実践上の問題がひそんでいたのである。民主同盟が三中全会で明らかにした方針は、中国革命における中国共産党の〝指導権〟の承認であった。革命の〝指導権〟とは革命における政治的理念・政治的方向であって、具体的な〝指導〟とは区別されるべきものであった。しかしこの時期、〝指導権〟と〝指導〟の相違について、理論的に追求されることはなく、四八年段階における〝指導権〟の承認の方針は、四九年はじめ以来、〝指導〟の承認へと変わって行った。「張王事件」がその端緒をなしたことは明らかであったが、これを契機として、中国共産党の〝指導〟は、民主党派の組織に対する〝指導〟へと転化したのである。そこにはまた〝独裁（ディクタツーラ）〟と〝民主主義〟についての深い理論上の問題が横たわっていたのである。しかしこの時期には、それらの理論上の問題が十分に究明されることはなかった。その根源は中国共産党側における〝独裁〟概念についての歴史的理解の限界性にあったことは否定しえない事情として存在していたが、民主諸党派——中国民族ブルジョアジーと小ブルジョア知識人層——においてもまた民主主義理解の歴史的限界性が横たわっていたということができるであろう(47)。このように革命の指導勢力の側と、被指導勢力の側の両者の持つ歴史的限界性のゆえに、この問題への理論的・実践的な追求が不十分なまま、論争が尽されないまま、民主同盟は、六月一五日から開会された新政治協商会議準備会に参加していくこととなる。そこでの民主同盟の地位は、旧政治協商会議での地位とは根本的に異なり、一社会団体にすぎない代表数しか持たず、積極的な役割を担いうるものではありえなくなっていた。中国共産党の革命指導権の実態がここには反映していた。新しい情勢のもとにおける新しい諸問題にたいして、十分な議論がなされ得ない状況のなかに、民主同盟、民主党派の質的転換の一端がしめされていたといってよいであろう。

かくて一九四九年初め以来、追求されて来た民主同盟の新しい政治路線と組織路線は、同年一二月の四中全会の政治報告において、「本同盟の方針は、中共の指導のもとに、共同綱領を実現し、人民民主独裁の政権を強固にし、新民主主義の建設に従事し、人民に服務するものでなければならない」（傍点引用者）と定式化され、なかでも、もっとも重視された任務は「中国共産党の指導を誠意をもって鄭重に受け入れ」

ることであるとされた。また同盟の組織の性格では「人民民主統一戦線中の一構成部分であり、知識分子とくに小ブルジョア知識分子が中心となる政治連盟である」[48]と規定されたのである。この政治的・組織的路線の方向は、三中全会の「革命的民主派」の延長線上に立つものではあったが、そこには三中全会と決定的に異なる質的な相違も存在していたのである。それを一言でいえば、民主同盟は、中間層の独自の政治組織ではなくなり、中共の一外郭団体にすぎない組織に変質したということであろう。そのことが、新民主主義から社会主義建設の過程で重大な否定的要因となって作用したことは、革命後の三〇年の経験によってすでに明らかとなっているといってよい。その発端が四八年秋から四九年初めの段階にあり、その根底に、中国共産党による〝革命の指導権〟と〝指導〟についての理論的・実践的理解において歴史的限界性にもとづく誤りがあったこと、また民主党派の人士がその誤った理解を受け入れざるをえなかった主体的弱さと、中国革命の特殊な、軍事的性格があったと指摘することができるであろう。

むすび

抗日戦争末期、民族の救出を最大の課題とし、その課題実現のために民主主義の実現を要求して立ちあがった中間層知識人は、戦後における民主主義運動の主要な担い手として一躍、政治的舞台におどり出て来たが、国民党蔣介石反動集団との闘争を通じて、たび重なる政治的転換を余儀なくされ、しだいに中国共産党の方針と一致する方向に傾むいて行った。とくに四七年秋民主同盟が非合法化された後に開かれた四八年一月の民主同盟三中全会においては、中国共産党の革命指導権を承認し、革命的民主派として自らを位置づけて、蔣介石反動集団の打倒を真正面にかかげた革命的活動に入って行った。

民主党派の革命的活動の展開は、強固な革命的組織体制の構築を必要としたが、四八年秋から四九年初めにおけるそれらの党派の組織強化の課題の実践過程は、また、一方では、中共の「指導」が強力に浸透して行く過程でもあった。この時期惹起された民主同盟の「張王事件」は、中共の「指導」が民主党派の組織体制に直接的にかかわった事件であった。そしてこの「事件」を通じて、民主党派の中共に対する組織的な対等・平等の関係は失われ、民主党派は中共の「指導」を「無条件に」うけ入れるという従属的な関係に転化して行くこととなったのである。ここには、革命の「指導権」の承認と「指導」の承認という異なったものの理論的把握の不十分さが存在し、また「独裁」と民主主義の関係如何という重大な理論的・実践的問題が存在していた。しかるにこの重大な問題に対する理論的・実践的な追求がなされないまま、新政治協商会議準備会は開かれ、中華人民共和国の樹立へと移っていったのである。それは中国における民主主義的政治制度の樹立に重大な欠陥をもたらすものとなった。

四八年秋から四九年初めの段階は、まさにそのような新しい中国の政治体制をつくり出す上で、重要な意味をもった時期であり、転換点であったということができる。この転換点の意味を明らかにし、それがその後の中国の政治体制と政治情勢にいかなる否定的作用を及ぼしたかを明らかにするためには、さらに中国共産党の「プロレタリア独裁論」、「民主主義論」、「連合政府論」から「人民民主専制論」への転化の過程を明らかにし、全面的にとらえることが必要であろう。その作業を通じて、この時期が中国革命に持っている重大な意味は、さらにいっそう明らかにされるであろうし、革命後の中国の政治体制の問題点も明らかにされるであろう。小論はそのための第一歩をなすものである。

注

（1）「民主同盟四中全会拡大会議政治報告」『民主同盟的性質与任務』光明出版社 一九四九年 三四頁。

（2）「民主同盟発表声明 速展開新政協運動」『華商報』一九四八・六・一六。

（3）李文宜「怎様健全小組」『光明報』新二巻第五期（一九四八・一一・一）一八頁。

（4）同右 二〇頁。

（5）同右 一八頁。

（6）遼遠「怎様建立正確的同志関係」同 新二巻第一〇期（一九四九・一・一六）。

（7）楊群「群衆観点的具体運用」同右。

（8）三中全会以後の民主同盟が厳格な紀律をもった組織へと変化した一つの例は、かつての華北の民主同盟指導者であった張申府の除名処分に見られる。民主同盟中央執行委員会第四回各処拡大連席会議は、張申府を「しばしば民主同盟の政治主張に違反した」との理由で、全員一致で除名処分にすることを決定した。その処分理由の一つは、国民党北平参議会副議長の唐嗣堯の立法院委員立候補を支援したことであり、これは国民党のニセ立法院の合法性を公然と承認するものであって、それは国民党のニセの国民大会、ニセの立法院を否認している民主同盟の政治方針に違反するものであるという点であり、第二の理由は『観察』誌第五巻第九期（一九四八・一〇・二三）に論文「平和をよびかける」を執筆したことが、国民党の平和運動の策動に手をかすものであって、「非常に誤った言論を発表し、その言行がすでに明らかに反人民・反民主の道にふみ入っている」ことを立証し、民主同盟の歴年の主張と相容れないものとなっているという点にあった（「本盟中央聯席会議決議開除張申府盟籍」『光明報』新二巻第六期〈一九四八・一一・一六〉）。ここに民主同盟の組織的に厳格な対応の実例があった。しかし、この除名処分にたいして張申府は「二、三の分子が自分を除名する権限をもっているというのは滑稽にすぎるといわざるをえない」と声明したという（李一民「撲滅〝死救〟的和謡」同新二巻第八期〈一九四八・一二・一六〉）。張申府のこの対応は、かつての民主同盟における姿をしめすものであったといってよい。三中全会以前には、同盟員は同盟の方針に合致しない言論――たとえば中間路線論などを自由に発表していたのである。一方、張申府の除名について、かれの妻であり民主同盟中央委員でもある劉清揚は、「今後は公的な面で張申府と合作することを完全にやめるだけでなく、私的な面でも二七年来の夫婦の関係を永久に絶つ」ことを声明した（「劉清揚痛斥張申府」同右）。

（9）「中国民主同盟三中全会政治報告」民主同盟総部編『中国民主同盟三中全会』（一九四八年一月）所収。

（10）鄧初民「新政協的任務及其産生的歴史条件」『光明報』新一巻第九期（一九四八・七・一）。

（11）同「新政協与指導権及統一戦線問題」同右、第一〇期（一九四八・七・一六）。

（12）「迎接新中国的闘争任務――中国農工民主党中央拡大会議政治決議」李伯球編『中華論壇』第一輯（一九四八年）九頁。

（13）同右　一〇頁。

（14）同右　九頁。

（15）王深林「堅持我們的主張」同右　一六頁。

（16）曾偉「拡大会議与組織任務」同右　一七～一八頁。

（17）曾偉論文は、「ある地方党部では、この一年九か月のうちに党員数が三〇倍に増加し、十数の組織が新しい地区の活動を開始した」。これは「革命政党の基礎組織が闘争のなかで急速に成長し、闘争がより尖鋭化し激化している地区において、組織の発展がより早くより強固になることを説明している」と、党組織の発展について述べている（同右　一七頁）。

(18)『中国人民大勝利』（『中華論壇』第二輯、一九四八・一二）所収の「革命戦友的共鳴和鼓励」の馬叙倫、連貫、鄧初民、沈志遠、周新民、胡一声などの各論文参照。

(19)馬叙倫「読〝迎接新中国的闘争任務〟後」『中華論壇』第二輯、九頁。

(20)同右。

(21)胡一声「中国革命的特点与農工民主党的新政治決議」同　二二頁。

(22)(12)一一頁。

(23)周新民「慶祝中国農工民主党中央拡大会議的成功」『中華論壇』第二輯、一九頁。

(24)同右。

(25)「本盟中央組織委員会関於港九支部××小組事件的報告」『光明報』新二巻第一一期（一九四九・二・一）。

(26)同右。

(27)同右。

(28)中共の軍事的攻勢が四八年中ごろ、一時的な沈滞と困難に遭遇していたという情況については、中国共産党側の解説は一切沈黙している。しかし、民主同盟四中全会の「政治報告」は、「一九四八年中ごろ、解放軍が前線でひっそりした時期を過していた時」と述べて、中共軍が一時的停滞におち入っていたことを明らかにしている（『中国民主同盟的性質与任務』三六頁）。また一九四八年七月二九日の新華社社論「人民解放戦争二周年の総括と第三年における任務」（『新中国資料集成』第二巻資料46）も、「中国人民はさらに数年間の苦しい奮闘をつづけるよう備えなければならず、少なくとも三、四年かけてこのような苦しい闘争をすることに備えなければ、全中国を最終的に解放し、民主主義の基礎のうえに全中国を統一することはできない」と述べたあとに続けて、「闘争の過程で、一時的、局部的な間歇と曲折はやはりあるうる。中国革命は一度あるいは数度の闘争で完全に勝利できると考え、また具体的闘争においては敵を軽んずる態度をとる人々、あるいはそれがまったく順風満帆、いかなる一時的、局部的曲折もありえないと考え、このような曲折に遭遇すると迷いを感ずる人々は、誤っている」と、「一時的、局部的曲折」、困難に遭遇したことを認めている(一三二頁)。この引用の前半部分の革命が長期にわたるという見透しと困難性の強調とは、軍事情勢の一時的「曲折」、困難さの反映であり、それが新政治協商会議のよびかけに呼応した民主人士への、毛沢東の返電のおくれた理由であったと推測される。この社論における全体的に沈うつな調子と、「中共中央の九月会議に関する通達」(同　資料60)の明るい展望にみちた調子とを比較するならば、そのちがいが、七月から九月にかけて、軍事情勢が困難な局面から勝利の局面に転換したことを反映したものであったととらえてよいであろう。

(29)　その一つの例として東北出身の作家蕭軍の例をあげることができるであろう。かれはかれの主宰する『文化報』誌(五日刊)で、次のように論じて中共を批判した。「中国はプロレタリア独裁にはまだ数日かかる。……かりに独裁であったとしても、それはやはり〝階級〟のであって党のではなく、もちろん〝あなた〟のであってはならない。かりに独裁であったとしても、ソ連にすでに先例があるように、すべての非無産階級の者を殺し尽すことはできない。こうした〝小型の秦始皇帝主義〟式の考え方はあってはならないのである」(「夏夜抄之三」『文化報』第三七期)と、プロレタリア独裁のあり方についての危惧をしめし、また土地革命についても、「人の土地を分け、人の財産を持ち出し、……あまつさえ着のみ着のまま家を追い出すがごとき、古来例を見ぬ強盗行為を働いている。……日本は異民族であっても、こんなことはしなかった。何故共産党は、かくのごとく不仁なのだろうか?」と述べて、その方法にたいする強烈な批判を展開した。蕭軍のこのような批判が、民主同盟港九支部××小組の同盟員たちと同様の立場に立った、同じ思想潮流であったということはできないが、ここにも中共の〝独裁〟、〝革命方式〟にたいする中間層の批判の一つの形が提出されている。そのような批判が四八年夏の時期に時を同じくして出て来たところに注目すべき情況があったといえる。民主同盟も四中全会の「政治報告」において、中共の軍事情勢が停滞したこの時期、「いくらかの人は悲観的論点を抱き、このように戦っていては、〝誰も誰に勝つことはできない〟、その結果かならず、〝両方が敗れ、ともに傷つき〟、いたずらに国家の気力をそこなうと考えた。またいくらかの人は人道主義の立場に立って、平和はすべてよいもので、戦争はすべて悪いものだ、だから国の気力を保存するために、〝平和をよびかけ〟ねばならないと考えた」と、同盟内部に動揺のあったことを指摘している（『中国民主同盟的性質与任務』三六頁）。このような動揺が中共批判の根底にあったと指摘できるであろう。

（30）（25）に同じ。
（31）「関於党的思想教育問題的決定」『光明報』新二巻第一二期（一九四九・二・一六）。
（32）同右。
（33）（25）に同じ。
（34）（31）に同じ。
（35）同右。
（36）各民主党派・各民主人士「われわれの時局にたいする意見」『新中国資料集成』第二巻　資料87。
（37）「北平歓迎各方民主人士大会」『人民日報』（北平版）一九四九・二・二七。
（38）「本盟在平設工作会　選出委員二十三人」『光明報』新三巻第二期（一九四九・三・一六）。なおこの委員会のメンバーは次の二三人である。沈鈞儒、章伯鈞、張東蓀、朱蘊山、潘光旦、李章達、丘哲、呉晗、鄧初民、陳此生、辛志超、韓兆鶚、楚図南、沈志遠、李文宜、劉清揚、張雲川（以上は在北京中執委）、彭沢民、千家駒、胡愈之、厳信民、陳鼎文（以上は在北京の各地方責任者）。中央執行委員と各地方責任者は、これ以後北京に到着し次第、工作委員会に加えることとし、これらのメンバーのうちから、沈鈞儒と章伯鈞を責任者として選出し、呉晗、辛志超、沈志遠を書記とし、書記処を組織して日常の業務を行うこととした。

（39）黄薬眠「論中国民主同盟的道路」『光明報』新三巻第二期（一九四九・三・一六）。

（40）同右。

（41）楊群「革命新形勢与民主同盟」同新三巻第三期（一九四九・四・一）。

（42）同右。

（43）「中共中央の九月会議に関する通達」『新中国資料集成』第二巻　三一八頁。

（44）（6）に同じ。

（45）楊群「関於革命領導権問題」『光明報』新三巻第七期（一九四九・六・一）。

（46）同右。

（47）中国における民主主義を要求する勢力の民主主義に対する一貫した理解は、「民族の救出」、「救国」と結びつき、民主主義によってそれが可能とする考え方であり、民族の救出を第一義的なものとする民主主義理解であったといってよい。孫文もその『三民主義』において、中国における自由は個人の自由ではなく、国家の自由だといって、自由＝民主主義を、救国を第一義とするものとしてとらえていたし（『三民主義』岩波文庫版（上）一八九頁）、三〇年代以後の抗日救国運動の中で、民主主義的政治制度を要求した知識人層の理解も、すべてこの点にあったといってよい。さらに抗戦末期から戦後にかけて活躍した民主主義者の言論も、この点ではほとんど同様であった。拙稿「聞一多における民主主義と民族主義」『歴史評論』一九八〇・三、「中国における民主主義についての一試論」西南学院大学『文理論集』二〇巻二号参照。

（48）「民主同盟四中全会拡大会議政治報告」『中国民主同盟的性質与任務』光明出版社　一九四九年　三七頁。

第二章　内戦期、中国の自由主義者の実像とその変化

はじめに

自由主義を正確に定義し、だれが自由主義者であるかを確定することは極めて難しい。中国においては、五・四運動以後の文化的・政治的動向のなかでは、すべての知識人が何らかの形で自由主義者であったとも言える。

例えば台湾の研究者による最近の研究でも、自由主義を三つの範疇に分類し、胡適・張君勱・儲安平の三人をあげて、一九四一年から一九四九年までの「国共闘争下的自由主義[1]」としている。このような政治的・思想的傾向を異にする人物を「自由主義」という一つの範疇にくることのなかに、それぞれを網羅し得るはっきりとした基準が見当たらないことが示されている。そこで「自由主義者」を問題とする場合、どのような基準を設定するかが重要な問題となる。

ここではとりあえず、その基準を「個人と権力の中心との距離」とし、南京政府に批判的立場をとっていた「半官半民」と言われていた『大公報』、および「亦朝亦野」といわれていた『観察』などによって

いた知識人に焦点をあてることにする。王芸生、儲安平とそれに近い人々である。彼らはともにジャーナリストとして、国民党権力に一定の批判的立場に立ちながらも、同時にそれを擁護することをその言論活動の主要な内容とし、自らも「自由主義者」をもって任じていたこと、さらに王芸生と儲安平は雑誌『観察』への寄稿などを見ても親密な関係にあったことが推測されることなどから、この二人に焦点をあてて、この問題を論じることとする。

一、「自由主義者」の規定

『観察』にのった楊人梗の論文「自由主義者は何処にゆくか」は、自由主義者について次のように規定している。自由主義者は「総じて現状に対して不満であり、現状を変えて進歩を求める」。「自由主義は創造的な力であり、創造によって進歩を求める。進歩しようとすれば、停滞に反対せねばならず、停滞に反対することは、現状に反対することであり、現状に反対するには、干渉に反対せねばならず、干渉に反対するには、闘争にまたねばならぬ」といって、「進歩を欲求する知識分子だけが、今日の中国の自由主義者である」としていた。(2) また彼はこうもいっている。「中国の自由主義者は、爾来、組織を持っていない」。「自由主義者は、中国にあっては、終始、政権を掌握しようとしない。しかし、実際の政治にたいしては、すでに非常に大きな役割を果たしている」。そしてこのような自由主義者と、国民党および共産党との関係について、かれは次のようにいう。「我々は国民党と共産党のなかにも進歩分子が可能であると認めるが、しかし［かれらを］自由主義者であると言うことはできない。何故ならば国民党は政権をとって以後、現状に止まることを欲し、干渉する力をもって現状に反対する勢力に対抗しているからであり、共産党はすなわち根本から自由を否認し、その干渉の厳しさは国民党より甚だしい。国民党と共産党はともに、自由主義者に対立するものである」(3)。

以上のような楊人梗の「自由主義者論」のなかに、自由主義者に対して彼らが描いている理想の形態がどのようなものであるかが、はっきり示されている。それは進歩を求め現状に反対するが、反権力的であり、政治権力とはかかわりを持たず、独自の存在であるというものである。

このように政治権力に直接的なかかわりを持たないことが、自由主義者の特徴であることは、『大公報』の社説にも見られる。四八年一月八日の『大公報』社説はいう。中国の自由主義者は「それ自身組織すら持たず」、「政権を奪取する意思は持たず、だから施政綱領を語ることはしない」特徴を持つ(4)。また『大公報』のこの社説をうけて書かれた、施復亮の論文「自由主義者の道を論ず」も、同様な論理を展開して、自由主義者は「成功が自分にあることは願わない」、だから「政権を奪取するとか、政権に参加するとかをもって自由主義者の成功・失敗を判定することはできない」と言っているのである(5)。

ここに中国の自由主義者の特徴があるのであるが、それは自由主義者が彼らを「知識人」と規定するところに由来するといってよいであろう。先の楊人梗の「進歩を欲求する知識人だけが、今日の中国の自由主義者である」という言葉に端的に示されている。

また自由主義に対する批判者の側からも、自由主義者が標榜するのは、現状の〝変化〟をもたらす主要な要素は「社会を創造する知識分子」であり、「人民〔大衆〕は〝指導される者〟であって、〝変化〟の主要な要素ではない」という「〝知識分子の政治〟の理論である」と批判されているところである[6]。

また自由主義批判者の側からは、一貫して自由主義が「中間層」の思想であることを指摘していた。「自由主義の自由主義たるところは、偏ていないところにある。……自由主義が偏ていないことと中間性を備えているゆえんは、それが中間層の意識形態であるからである」。そしてさらに「中間層だけが忠実な自由主義者である」ともいっている[7]。まさに中間層（その主要な構成員は知識分子である）こそが、自由主義者の中心を成しているというのが、自由主義者の側からも、その批判者の側からも把握されていた事実である。

自由主義者のもう一つの特質は、民族主義の意識についての過小な評価である。四六年二月に盛り上がった東北問題に対する見解で、『大公報』は民族主義について、次のように述べている。前漢以来、民族主義の運動が大きな役割を果たしてきた。近年にいたって辛亥革命、五・四運動、九・一八、抗日戦争などすべて民族主義の運動であった。「国民党〔六期〕二中全会は、自然に、この民族主義の高まりを受けている。しかしわれわれが指摘せねばならぬことは、民族主義は一つの民族の本能であり、人類の徳性であるが、それ自身は濃厚な保守性をもっていることである。……今日の世界と現在の中国では、保守を必要としていないだけでなく、進歩を必要としているのである。われわれが国民党の諸君に訴えねばならぬことは、この一点にある[8]」。ここにこの時期における自由主義者の民族主義に対する捉え方が、端的に示されていると言えよう。

二、自由主義者の政治思想

中国の中間層である自由主義者は抗日戦争終結後の現実の中国政治に対して、いかなる考えを持っていたのであろうか。四五年八月の抗日戦争の終結は中国の建国への希望を大きく膨らませるものであった。しかし同時に同年一〇月末ごろからしだいにはっきりして来た内戦の様相は、中国人民に大きな不安と憂慮を引き起こした。そのような状況のなかで、『大公報』は次のような論を展開して、自由主義者の政治的意向を示した。

『大公報』は、国共両党は内戦を発動したのが相手側にあるとして非難しているが、内戦発動の真の原因は中共にあるとの立場に立って、次のように論じた。「政党が政権を争いとることは当然のことである。問題は、［それを］政争をもってするべきであり、兵争をもってすべきではない」。「我々が軍隊の国家化を主張しているのは、ただ国家のみが兵を持ち、人民が兵を持つのを許さないし、党が兵を持つのを許さないということである。」。「共産党のためにいう。政争の道を堂々と進み、兵争の場をしだいに少なくすべきである。我々は共産党が国家人民のために、民主を争い、憲政を争うことを希望する。……同時に我々は共産党が軍隊を手放し、天下のために政党は軍隊を持たないことを宣言し、局部の特殊な政権を手放して、全国的な政権を争うことを希望する」(9)。ここに『大公報』のこの段階での政治的意図が端的に示されていると言ってよいであろう。それは「軍隊の国家化」という論に示されているように、国民政府のもとにすべての軍を統一することであり、その目的は平和的な国家統一であり、軍の統一によって民主的な政治の実現を望んでいたのである。

その意図するところは、『大公報』はこの社説のなかで「要変不要乱」と強く主張して、国民党の現政権にたいして改革をすることは必要だが、現政権を打倒する革命には反対するとの意思を表明しているところにある。この「要変不要乱」――「民主的」変革は望むが「革命」には反対すること――こそが、自由主義者の根本的な理念であったといって良いであろう。共産党が軍隊を放棄して、平和的に憲政を争うこと、共産党に武力革命の道を放棄させること、ここに自由主義者の真意があったと言い得るであろう。

王芸生は一年後の一九四六年九月にも『観察』誌上の論文で、これと同じ観点に立って次のように論じている。現在の内戦は「〝国家大乱〟にむかって加速度的に疾駆している」ものであり、この「大崩壊を避け、平和・統一・民主・進歩の道」をあゆむために、国民党には民主憲政の道を了解しなければならぬこと、また中共には民主政治のもとで憲政の党とならねばならぬことが必要であると、国共両党に提言していたのである。(10) 〝国家大乱〟を避けるためには、国民党の支配の在り方も変えねばならぬ(「要変」)というのであり、この点から国民党に対する批判も、自由主義者から厳しく展開されることになるのである。

儲安平の国民党批判はまさにそのことを示すものであった。彼は言う。二十年来の国民党の支配は失敗したものだ。その要因は政権維持のための〝政治的強圧〟の方法にある。「多くの兵を養うのも政権を強固にするためであり、すべての党団の組織・活動・訓練も政権を強化するためであり、特務と各種の検査制度を実施するのも政権を強固にするためであ」る。このような「人民の苦楽をかえりみない政府は、必

郵便はがき

料金受取人払

麹町局承認

8890

差出有効期間
平成16年1月
31日まで
（切手不要）

1028790

東京都千代田区
飯田橋二―五―四

汲古書院
行

通信欄

購入者カード

このたびは本書をお買い求め下さりありがとうございました。今後の出版の資料と、刊行ご案内のためおそれ入りますが、下記ご記入の上、折り返しお送り下さるようお願いいたします。

書　名	
ご芳名	
ご住所 TEL　〒	
ご勤務先	
ご購入方法　①　直接　②　書店経由	
本書についてのご意見をお寄せ下さい	
今後どんなものをご希望ですか	

然的に人心を失う」。こうして二十年来の国民党の支配は、いまや人民から見捨てられる状況となっている。この党の退勢を挽回しようとすれば、「すばやく作風を変えねばならぬ」のであり、「政策の実績によって既得の政権を維持しようとせねばならないのである」[11]。

自由主義者の国民党に対する批判は、国民党が「腐敗していて、反民主的である」[12]という点にあったといってよい。しかしこのことは国民党の支配を全面的に否定するものではなく、反対に国民党の支配の維持を前提としたものであった。彼らは国民党と中共のどちらをとるかとの選択を迫られるならば、「むしろ前者［国民党］をとる。なぜならば前者は我々の文化的な伝統を代表できるからである」[13]との態度を持していた。その点を自由主義者への批判者は次のように論じている。「彼らは主観的には、国民党の腐敗した支配に不満であるとはいえ、個人が貢献できる政治改革を希望している。しかし彼らは総じて、改革は現在の制度を基礎にしてなされなければならぬと固く信じており、国民党の支配の腐敗は、基本政策の誤りにあるのではなく、それを執行する者がよくないか、行政制度の不健全・不合理にあると考えている」[14]。

この点を儲安平は次のように率直に述べている。「現在の中国の政治の中心はやはり国民党と認めないわけにはいかない。だからわれわれは国民党を助けようと全力を尽くし、建国の大業に努力し、またわれわれは国家のために全力を挙げて服務する責任があるのである」[15]。これが同じ論文の中で、「国民党支配の腐敗は否定することができない」と批判している儲安平の国民党に対する基本的態度なのである。

国民党の支配の正統性の維持を前提として、それをいかに確保するか、そのためには国民党の現在の政治を改めること、それが自由主義者が国民党に求めていたものである。

では彼らは「不要乱」として退けた中国共産党にたいしては、どのように見ていたのであろうか。『大公報』の社説が、中共は軍隊を手放し、普通の政党となって憲政を争うことを要求していたことはすでに見たとおりであるが、儲安平もまたこの時期、同様な論を展開していた。「共産党が適当な軍事力を拡大し、それを用いて武力で直接軍事闘争に従事することを［われわれは］希望していない。われわれは共産党が軍事的・消耗的な行動を、政治的・建設的行動に変えることができるならば、すなわち、共産党が軍事力を有していたとしても、その軍事力を用いないようになれば、共産党は正常な憲政の軌道のもとで、その主義を宣伝し、他方ではその実力によってその発言が力をえて、執政党を監督し、執政党に間違った役割をさせ得なくさせるのである(16)」。しかも儲は同じ論文のなかで、「不幸なのは中国では結局、いくらかでも鉄砲を持っていない者は政治的力がないという情勢が存在することである」と、中国社会において武力が政治的にも決定的な意味を持っているという中国の特殊性を指摘しながら、なおかつ中共に武力の縮小あるいはその放棄を要求しているのである。つまり自由主義者の中共に対する要求は、中共の革命性の放棄を求めただけでなく、中共の存在そのものをも賭けることを要求していたと言って良いであろう。

自由主義者の中共に対するこの要求の根底にあるのは何であろうか。それは自由主義者の共産党に対する抜き難い不信であり、共産主義への根強い否定的思想の存在である。

儲安平はその点を次のように論じている。「今日中国人民はみな民主を要求し、自由をたたかいとろうとしている。しかし共産党の支配下にあったと仮定して、人民に〝民主〟があるかないか、〝自由〟があるかないかは、実に大いに研究すべき事柄である」。「人民に思想と言論の自由があるかないかは、一つの国家一つの社会に〝民主主義〟があるかないかの前提である」。「私個人の意見では、共産党は今日、民主を大いに叫び、自由を大いに叫んでいるが、共産党自身は、もとより人民に思想の自由と言論の自由を承認できる政党ではない。同時に共産党のいわゆる民主は〝共産党の民主〟であり、われわれが要求しているところの〝人々が平和的に、本質的願いから出て、いかなる外力の干渉も受けずに、自由にその意思を表示する〟民主ではない」。「人々がその意思を自由に表明する民主と〝共産党の民主〟とは区別されるべき二つの事柄であり、両者の間には実に大きな隔たりがある」(17)。

儲安平と親密な関係にあった南京中央大学教授の呉世昌もまた次のように言っている。「自由主義者のなかに、もし政府に反対する人があるとすれば、まさに政府が人民の自由を剝奪しているがためであり、共産主義が人民の自由を剝奪し、自由主義者を嫌悪することが国民党よりも甚だしいとすれば、今日政府に反対している自由主義者は、決して中共が国民党にとって変わることに賛成しない」。「今日、国民党の政策は、人民の多くの自由を制限しているとはいえ、共産党が国民党にくらべて人民に多くの自由、なかんずく思想と言論の自由を与えるとは決して信じない」。「中国がもし自由主義者の台頭をつちかわないとしたら、政府の前途には希望がない」(18)。

また自由主義者の楊人楩も、次のように論じている。「中共の理論と政策は、まことに若干我々には受け入れられないものである」。この点から、「私は自由主義者が目前の中共に対していかなる態度をとるべきかの問題が起こると思う。自由主義と共産主義はもとより距離がある。自由主義者はかれ［共産主義者］と見解を同じくしない。この距離の長さも各人各様である。そのなかには中共に同情する者もおり、中共に反対する者もいる。反共は国民党の専売特許ではない。……自由主義者のいわゆる反共は……一種の独立した認識に立っているものである」。「自由主義と共産主義は妥協することができない。しかし自由主義は共産主義を消滅してはならない[19]」。ここに示されているような思想の根本的な違いと、儲安平が主張するようなソ連社会主義の実態についての認識[20]が、自由主義者に中国共産党に対する違和感を醸成し、国民党の正統性を承認させる根拠になっていたといってよいであろう。

自由主義者のこのような論理の根底には、いままさに起こりつつある内戦に反対し、国民党の主導のもとに新しい中国——憲政に基づいた民主的中国——を建設しようとする意図が存在していたことは言うまでもない。平和的で民主的な中国、そこでは自由主義者が政治的にも文化的にも大いに活躍の場が存在し得ることが明らかであったからである。中共の軍事力の放棄の要求も、平和的民主的中国の建設に主要な意図があったといってよいであろう[21]。しかし彼らは国民党に対してはその腐敗と反民主性を批判し攻撃しても、国民党が日本軍の武装解除と占領地の接収を名目として軍事的に中共の〝解放区〟に進攻する行動——内戦の発動——に対しては、基本的に問題としていないことは、四五年一一月二三日の『大公報』の社説を見れば明らかな所である。ここに自由主義者の認識の一面性があったと見るべきであろう。

三、自由主義者の現実政治への対応

以上のような政治思想に立脚する自由主義者は現実の政治に対してどのように対応したのであろうか。

いくつかの具体的な政治問題に対する対応について見てみよう。

まず第一に「政治協商会議」にたいしてである。民主同盟などに結集するか、あるいはそうでなくとも民主的な志向をしめす知識人の多くは、政治協商会議が中国の民主化と内戦を停止させ得るものであって、国家統一の基礎であると捉え、その開催を強く望み、「成功が許されるのみで、失敗は許されない」と、強い期待を寄せていたことは明瞭な事実である。これに対して儲安平は「政治協商会議が一種の民主をたたかいとる会議である」としながらも、「〝民主〟が多ければ多いほどよいと希望するだけである」として、会議の成功を強く望んでいた民主人士の期待に対して、「政治協商会議の成功か失敗かは、程度の問題であって、相対的なものであり絶対的なものではない」と批判的な見方をとり、「民主政治は本来一挙にできるものではない」と極めて冷めた見方をしていたのである[22]。また政治協商会議に参加している「非政府の代表」にたいしては、「将来の政府改組のなかで……極力政府（特に行政部門）に参加するのを避けることが、最も得策である」と論じていた[23]。その根拠は中国にある「在野の人が政府を批判する目的は〝官になること〟（做官）だ」という誤った伝統的観念のもとで、誤解されるのを避けることを目的にするというものであったが、政治の民主化を実現するという観点からするならば、極めて消極的な考え方であったと言うべきであろう。儲安平は政治協商会議のなかで出された「五五憲草」の改訂、五院制の改訂などの意見に対しても、「もし国民党がこれらの改訂に同意するならば、それは少くとも国民党の二十年来の執政の事実に対して検討を開始したことのあらわれであり、……全国の人々はみな協商会議の成果に期待している」[24]と、国民党の変化への期待を表明するにとどまり、極めて消極的な対応しか示していなかったと言える。

一方、王芸生の『大公報』は政治協商会議について若干異なった見方をしていた。『大公報』は当初、それを「政府と共産党との話し合い」、「国民政府と共産党および他の党派」との協商とみていたのが特徴である。[25] このことは政治協商会議を国民政府が他党派の指導者を招いて開いた「国民参政会」と同様のものと捉えていたことを示している。この捉え方のなかには、国民政府、国民党が唯一の正当な支配者であるとする「国民党の支配の正統性」を認める観念が存在していたといって良いであろう。先の儲安平の在野の人士が改組された政府に参加しないようにという進言にも、国民党以外の諸政党が参加する「連合政府」という構想はなく、国民党の一党支配のもとにおける国民政府が正統性を持って、そのまま存続するのだという論理が横たわっていたといって良いであろう。『大公報』のこのような考え方は、政治協商会議の期間中に出された社説にも現れていた。政府改組の問題について、それは過渡期の政治改革だとして、「研究討議すべき過渡期の政治改革は、国民政府と蒋主席の指導の基礎を動揺させるべきではなく、民主の成分を拡大して国民政府を改組し」と述べ、「蒋主席の指導のもとで、国民政府を改組することを前提とせねばならず、党外の一部の人士に国民政府への参加をお願いするのではない」と明確に論じていた。[26] ここでも蒋介石の指導権、つまり国民党の指導的地位には少しの変更も認められないという立場が見られるのである。このような立場からは同じ社説のなかで、「改組後の国民政府は政治の最高の指導機構であり、党「国民党」の拘束を受けるものではない」といい、国民大会の代表の問題でも「代表は再び選出すべきものと考える」といい、憲法草案の問題でも「五五憲法草案は非常に多くの欠陥があり、ただ参考にできるだけで、手本にすることはできない」と言って、国民党が戦前一九三六年に選出した国民大会代表の合法性の主張や五五憲法草案の合法性の主張を否認したとしても、国民党と蔣介石の絶対的な指導権のもとでは、それらの民主主義的な措置がどのようにとられるのかの保証は全くなかったと言って良いであろう。

『大公報』が国民党の利益を擁護する立場にあったことは、政治協商会議の結果についての評価にも現れている。会議の終了した一月三一日に出された社説では、「国民党は五五憲草を手本とすることを堅持せず、〝万能政府〟の五院制を堅持せず、地方の権限と省長の選挙と省憲法制定の主張を受け入れた」と、会議の成果が国民党の譲歩によってのみ与えられたかのような評価をし、会議中の在野の党派の闘争と妥協にはほとんど触れることなく「中央と地方の協調、統一と民主の併存が大いに可能になった」との楽観的な展望を示したのである。[27]それは翌日の社説にも見られる。「各党派の態度の妥協は賛美に値するものである。……なかんずく国民党はそれぞれの問題でほとんどの与えられた地位の大部分で、時代を見、国家を見て、過去の難解な問題をひとつずつ解消したことは、特別称賛に値する」と、国民党に特別な賛辞をおくったのである。そして改組後の「国民政府は蔣主席と国民党をもって中心とする連立政府である」と規定したのである。[28]蔣介石と国民党を中心に置く政治体制、これが『大公報』の意図するものであった。ここに「自由主義者」の意図するところがあった。

第二の事実は四六年一一月に開かれた「国民大会」に対する立場である。儲安平と雑誌『観察』が国民大会について何の評価もしなかったことについては、すでに論じたことがあるので省略するが、[29]『観察』が国民大会について言及を避けたのは、国民党を支持する立場からは肯定できるとしても、第三勢力の多くが反対し、否定している国民大会を肯定的に論じることは、外形的に第三者的立場をとっている『観察』

の自殺的行為になると判断したからであろう。これに対して『大公報』は国民大会を積極的に評価し、国民大会は「訓政から憲政に転じ、民主主義を実現する」ものだと高く評価したのである。[30] それは民主同盟などの「第三勢力」の多くが、この大会は政治協商会議の原則に違反するとして、それに参加するのを拒否し、国民大会が国民党の一党独裁を維持し、中国の民主化を否定するものだとしたのとは対照的な姿勢であった。ここにも自由主義者の現実政治に対する妥協的で甘い認識があったと言ってよいであろう。

第三の問題は、四八年初めから明らかになった、民主同盟や国民党革命委員会などの「第三勢力」の革命化が進もうとしたときに示した『大公報』の反応である。民主同盟三中全会が開かれているさなかの四八年一月八日、『大公報』は社説「自由主義者の信念」を発表して（この執筆は蕭乾である）[31]、「自由主義者」が左翼化と革命化に反対して、改良主義的な方針のもとに結集することを訴えた。この社説が四七年末の駐華アメリカ大使スチュアートの呼びかけに応えたものであったとしても、そこには「自由主義者」の中間層・知識人層の革命化に国民党の支配の危機を感じとった危機感が、強く反映されていたと言うことができるであろう。[32] その後「自由主義者」がどのような思想的変化を示していったかについては、かつて論及したことがあるので省略する。[33]

四、左翼の自由主義者への対応

以上のような独自の立場から、中間層の世論に一定の影響を与えていた自由主義者に対して、その批判者（＝左翼の側）はどのように見ていたのであろうか。

一般的に言って、左翼の側――自由主義批判者――の自由主義者に対する態度は、必ずしも敵対的なものではなかった。しかし、自由主義者にも個人個人さまざまの思想状況があるように、自由主義批判者の側にも自由主義者に対してさまざまな対応があり、一律・一様なものではありえなかった。ここに留意する必要がある。

四七年三月段階で、自由主義批判者の側から自由主義者を総括的に論じた論文は次のように見ていた。「［内戦が激烈になるなかで］彼ら［＝自由主義者］はこの内戦の本質が、民主と反民主の戦いであることを真に了解するにいたった。彼らはもとより、中共の活動に対して、理論上も感情の上でも距離がある。しかし近年来の中共の政策の改変によって、……自由主義者と中共との間の距離は大いに縮まった。……中国の民主主義に対する見方と努力の歩みは、大体においてしだいに一致しつつある(34)」。そして同論文は自由主義者に対して共同して奮闘するよう次のように呼びかけた。人民の民主の要求に忠実な中国の自由主義者は、「一切の既得の利益集団への幻想を放棄し、各階層中の自由進歩分子を団結させ、民主連合政府の成立のために、内戦の停止と政協決議の精神の実現のために奮闘しよう(35)」。

左翼の側が自由主義者を共同し得る一翼と見ていたことは、政治協商会議によって示された「連合指導」の方向――民主的・進歩的諸勢力の団結と協力こそが、「中国の唯一の出路」だと捉えていたことによる。しかしこの共同のためには自由主義者の思想的な変革が必要とされることは論をまたない。それは第一に「共産党に対する恐怖［の感情］によって、現政権の存続を乞う心理を持つ」という「恐共の心理を取り除かねばならない」ことであり、第二には「中国の士大夫の伝統の中にある多くの弱点を根本から克服せねばならぬ」ことに求められた。自由主義者がそのような思想的変化をしたとき、「自由主義者が別に社会［民主］主義政党を組織して、民主的改革あるいは〝近代化〟を推進するという第三の道が自然に良い道であろう(36)」と、この論者は、自由主義者の独自な組織の結成をも容認したのである。しかしこの論は「中間路線」を承認するものではないことに注意する必要がある。それは諸政治勢力の連合による「連合政府」あるいは「連合指導」という方向において、左翼の側（＝革命主義者）は自由主義者との共同が可能であると認めたものである。

自由主義者を共同の相手として革命の方向に組織しようとする論は、時が経つにつれて強くなる。「自由主義者は当然進歩分子でなければならない」。「社会民主主義が民主主義に社会主義を加えたものというならば、二〇世紀の自由主義者は民主社会主義者だというのを妨げない」。自由主義者をこのように規定し、「［政治協商会議を］破壊したものの全貌を認識した後には、前方を凝視して、その［破壊と建設の］道を歩み出すことである」と自由主義者が変革の方向に向かうことを促す論もあらわれたのである。ここにも自由主義者を革命の方向に組織しようとする意思が示されている。そしてこの論者はさらに、「自由主義者も彼らの施政綱領をもつこと」が必要であり、「信ずるものの共同の組織を生み出すことが可能である」と、自由主義者が自らの組織を持ち、施政綱領を持つことの必要性を指摘したのである(37)。それは『大公報』の社説が「自由主義者は政権奪取を意図せず、施政綱領を云々せず」と言ったことに対する反論であった。

自由主義者を変革のための共同の相手として認め、ともに手を携えようとするには、一定の条件が必要であった。それは自由主義者の大部分が知識人であり、そのかれらに根本的変革を容認するような思想状況が見えて来たことにある。

四七年末のある論文はその状況を以下のように述べている。「一九四五年秋から一九四六年夏までは、疑いもなく、比較的温和な年であった。……平和と民主のスローガンのもとで、中国の前途については一般に平和と法治と進歩の局面を追求していた。しかし昨年［四六年］秋以来、とくに今年［四七年］の春以来、国内外の情勢は一歩深い段階に発展した。……畢竟、〝中国は何処に行くのか〟の問題が、討論として提出された」。「この半年来の〝中間路線〟に関する論争は［中国の出路をめぐる］二つの意見の対立をあらわしている」。「この意見の対立は、今日の思想論争の主要な内容である。〝中国はどこに行くのか〟。〝変〟しなければならぬことは、すでに否認できない事実である。しかしそれは徹底的な〝変〟なのか、それとも少しの〝変〟なのか、すなわち一部の旧い秩序を保存するものなのか」。「変革が必要なことは、すでに疑う余地のないものとなっている。……［それは］すでに具体的な探求の段階に入っているのである」[38]。まさに中国の出路を巡る論争は知識人の重要な思想論争であったし、その論争をへて彼らの意識にも変化が生じて来ていたのである。

そのことを端的に示すものとして自由主義者の楊人楩をあげることができる。すでに第一節で見たように、彼は四七年五月の段階で自由主義者の特質を「現状を変えて進歩を求めようとする」「政治上の反対派である」が、「暴力的罪行の使用に反対する」とし、共産党に対しては「共産党は根本から自由を否認し、その干渉の厳しさは国民党よりも甚だしい。国民党と共産党はともに自由主義者と対立するものである」としていたのであるが、[39] 四八年一〇月の「自由主義の道を再論」した論文では、自由主義者について次のように述べるにいたっていた。「自由主義者のだれかれの見解がいかに異なっていようとも、少なくとも彼らは一つの共通点がなければならない。それはすなわち現状に不満であり、変化を求め、進歩を求める［ことである］。そうでなければ自由主義の乱用である」。「自由主義が要求する進歩は社会全体の進歩を指す」。「自由主義は超然であることはできない」。「なぜならば社会の中に進歩を求めているからである」。「ある人は自由主義の路線は中間路線あるいは第三の路線だという。このような見方は誤りだと思う」。「自由主義は左であり、左のものである。というのはそれは終始現状に不満で、不断に進歩を求めているものだからである」。「自由主義の本質は〝変〟にある。それは歴史を創造する動力であるからである」。このように自由主義を規定した後、彼は自由主義者についても次のように論じた。「自由主義者は革命に反対するものではない。流血の革命を逃避しようともしない。革命は流血を免れないからだ。……［過去において］実際の革命行動の上でも、再三、自由主義者は［革命に］参加するか、あるいは［革命を］指導した。少なくとも自由主義者は反革命派であることはできない」。「自由主義者は共産主義の経済民主に反対しない。しかし政治の民主が必要であることは堅持しなければならない」。そして今後の進歩の過程で自由主義者は作用を起こす勢力であり、革命に対してもこれを容認するだけでなく、革命に参加することをも認めて、「自由主義者は組織を持つことを妨げない。というのは組織は力だからである」といい、「進歩を追求する一つの段階で、彼らはその他の政党と合作することが可能であ」るとも論じたのである。[40]

楊人楩はこの段階では、四七年五月に論じた自由主義者論と大きく変わり、武力による革命を容認し、共産党との合作を視野にいれるように変わっていたのである。

左翼の論者が「自由主義者」に対して厳しく批判したのは、「自由主義者」が反動的・反共的な具体的政治行動を起こした時である。その一つは四七年夏、アメリカの支援のもとに「民主国際」なる反共組織を結成しようとした動きに対する厳しい批判活動であり、もう一つは、四八年三月の「中国社会経済研究会」の結成に対してなされた批判活動である。後者の動きは、駐華米大使スチュアートが四八年二月一八日に「中国人民への書簡」を出し、二月二二日には中国の知識人に「一つの新しい党を組織して、政府に対して建設的な批評をすべきであり、……進歩的な運動をすべきである」と述べたことに呼応して、一部の〝自由主義分子〟が、いちはやく「中国社会経済研究会」を組織して、自由主義者を国民党の側に組織しようとしたことに対する厳しい批判であった。この〝自由主義分子〟に対する批判活動は主として民主同盟の機関誌『光明報』を中心にして、精力的になされた。しかしこの研究会に結集できたのが、国民党と深く結びついた一部の知識人と国民党の官僚に過ぎないことが明らかとなって、批判活動は一か月そこそこで終わりを告げた。自由主義者と国民党政権との矛盾は極限に近いところにまで達していて、多くの自由主義者を国民党の側に組織することができない状況に陥っていたのである(41)。

五、自由主義者の思想的変化——結びにかえて——

楊人梗の例で見たように、自由主義者・知識人の思想的変化は、四八年末から四九年にかけて、かなり広範囲に見られたといって良いであろう。それを『大公報』・王芸生の例によって見てみよう。

王芸生は四八年一一月初め上海を去って香港に至った。そして一一月一〇日の『大公報』は「平和の望みはない」という社説をかかげて、「我々に真実と恒久平和を得させよ」と論じた。その意味は「人民大衆の合理的生存ということである」と注釈され、この時以後香港『大公報』は大きく変化したと言われている。(42)これは取りも直さず王芸生の思想的変化を示すものである。その変化はさらに四九年に入っては速度を速め、四九年五月の上海解放後はいっそうはっきりと見られるようになった。

『大公報』上海版は六月一七日王芸生の執筆した「大公報新生宣言」を発表して、『大公報』の歴史を総括しながら、その社会的基盤から発する、かつての思想的誤りを認めて、今後の同紙が人民に奉仕するよう努力するものになると、「新生」の立場を明らかにしたのである。「宣言」は次のように述べている。

『大公報』は「清末に開明貴族の手で創刊され、民国初め安福系の政客の掌握するところとなったが、一九二六年の大革命の開始の年に続刊し、一部の資本は官僚によって拠出された。[したがって]政治的意識は封建的政客と新興のブルジョアジーに根源がある。……[それゆえ]大公報は終始〝民間〟とか〝独立〟とかの外皮を被っていても、実際には、蔣介石政権と血肉の関係を持っていたのである。大公報は終始、一種の改良主義の様相を持っており、それが中上層の社会に一定の影響を持っていたのも、ここに理由があるのである。しかし歴史上、改良主義者は実質的に反動支配階級の太鼓持ちにならなかったことはなく、共犯者にさえなった。この二十何年かの人民革命の流れの中で、大公報は不断にある種の進歩的様相をあらわしていたとはいえ、子細に分析すれば、それぞれの重大な局面で、それは基本的に反動の側に立っていた」。このように『大公報』の社会的基盤とそこから生ずる思想的な本質を分析した後、同「宣言」は『大公報』の立場が歴史的にどうであったかをふりかえる。「[抗日戦中]抗日民族統一戦線に反対し、〝国家中心論〟を極力宣揚し、蔣介石を独裁の宝座に祭り上げ、つねに〝軍令と政令の統一〟の論法を宣伝した。……抗戦が勝利したとき、大公報はまた連合政府の理論に賛成せず、国民党の独裁支配の局面を維持しようと思っていた。大公報は政協の決議に賛成したが、しかし国民党反動派が政協決議を破壊した時、大公報の責任者は、反対に〝偽の国大〟と〝憲法制定〟に賛成した。……人民革命の流れがすでに反動勢力を震え上がらせ、今にも打ち倒そうとしているとき、大公報はまたも、いわゆる〝自由主義〟と〝中間路線〟を提唱し、自らを反動支配階級と別のものとした。その実、人民と反人民の間には絶対にいわゆる〝中間〟はなく、いわゆる〝自由主義〟は買弁ブルジョアジーを根源とするもので、この外は金ぴかで中は空っぽの衣装はさらに是非を混沌とさせ、人民を麻痺させる働きをしたのである」。「宣言」は『大公報』の歴史的に果たした役割をこのように分析したのち、最後に「大公報は基本的に官僚ブルジョアジーに属し、……全体的な方向は、国民党反動派の支配に沿って歩んだものである」と認めたのである。(43) ここには『大公報』が果たしてきた歴史的役割に対する真摯な反省が語られていると同時に、今後の〝新生〟を誓ったこの宣言は執筆者の王芸生の思想的な変化をも明瞭に示しているといえる。

これが抗日戦争後の内戦期における中国の自由主義者のたどり着いた地点であった。

注

（1）陳儀深「国共闘争下的自由主義（一九四一～一九四九）」台湾中央研究院近代史研究所集刊第二三期（一九九四年六期）。

（2）楊人楩「自由主義者往何処去」『観察』第二巻第一一期（一九四七年五月一〇日）。

（3）同右。

（4）社評「自由主義者的信念」『大公報』一九四八年一月八日。

（5）施復亮「論自由主義者的道路」『観察』第三巻第二二期（一九四八年一月二四日）。

（6）徐季明「中国往那裏去?」『時与文』第二巻第一五期（一九四七年一二月一九日）。

（7）馮契「論自由主義的本質与方向」『時与文』第二巻第一八期（一九四八年二月六日）。

（8）社評「訴諸国民党的知慧」『大公報』一九四六年三月四日。

　この傾向は四八年一月～六月に繰り広げられた「反米扶日」の民族主義運動のなかでも見られた。ここでは『大公報』は、若干、民族主義的な態度を示したが、その主張は極めて弱々しいものであった。『大公報』が最初に「反米扶日」の態度を明らかにしたのは、四八年一月二八日の社説「反対美国計画復興日本経済」であり、ここでは「米国の対日援助政策は矛盾している（日本は最後的にはアメリカに対して独立を要求するようになるから）」であり、第二の理由は対日講和条約が未締結であるので、日本は敵国であるからである」というもので、日本の経済的復興が中国の経済と中国資本主義に与える打撃と危険性には全く触れていないのである。その後四月二二日に、個人論文「反対復興日紡織工業」（汪竹一）が出されたが、『大公報』の掲げた反対の論文はこれ以外にはなく、五月二九日の社説「囲繞於対日問題」では、「日本の復興は中国の脅威にはならない」などの論が誤っていると指摘するのみで、対日問題の「正確な立場」が何であるのかは全く打ち出されていない。さらに六月四日のスチュアート大使の侮辱的な声明が出された翌日の社説「反美情緒的分析」では、「米国が真心から中国と交友関係を結ぼうとしていることを信じている」といい、結論として、アメリカの対日援助反対は「反米ではない」こと、われわれは反米感情の由来を分析したがゆえに「苦言を呈しているのである」と述べるに止まっていた。ここには民族主義の一片も見られないといえる。

(9) 社評「質中共」『大公報』一九四五年一一月二三日。

(10) 王芸生「中国時局前途的三個去向」『観察』第一巻第一期(一九四六年九月一日)。

(11) 儲安平「失敗的統治」同上　第一巻第三期(一九四六年九月一四日)。

(12) 楊人楩「自由主義者往何処去?」同上　第二巻第一一期(一九四七年五月一〇日)。

(13) 杜邁之「論中国的自由主義者」『文萃』第二巻第二二期(一九四七年三月六日)。

(14) 同右。

(15) 儲安平「国民党的病症」(客観一週)『客観』第二期(一九四五年一一月一七日)。

(16) 同「共産党与中国政治上的需要」(客観一週)同右。

儲安平の中国共産党に対するこれと同様な見方は、そのほかのところでも同じように展開されていた。『客観』第四期(一九四五年一二月一日)の「共産党在争取政権中所走的途径」(客観一週)では、次のように述べている。「共産党が政権を争うのに、憲政の道を歩むのか、それとも革命の道をとるのか?簡単に言えば、軍事の道によるのか、あるいは政治の道によるのか、ということである。前者は暴力的手段を用いるものだし、後者は政治の方法を用いるものだ。……わたし個人は共産党が革命の権利を持っていることを否定しない。しかし問題は今日の中国が再び武力革命が発生するのを受け入れられるか否かである。……国民党はすでに武力をもって共産党を平定する力がなくなり、共産党もまた武力で国民党をひっくりかえす力が不足している。……今日、共産党が軍隊を持っていることについては、国民党も一部の責任を負うべきである。しかし現在、単に共産党について論ずるならば、わたしは根本的に、今日共産党は原則上国民党の権力を制限するよう努力すべきであって、自衛を名として、軍を自立させることは良くないと考える。自衛を名として軍を自立させることは、実に、本末転倒である。共産党が一党独裁を放棄して、憲政の民主の実行を要求する努力をすべきであり、軍隊の国家化を主張すべきである」。

(17) 儲安平「共産党与民主自由」(客観一週)『客観』第四期(一九四五年一二月一日)。

(18) 呉世昌「論和平問題」『観察』第二巻第一六期(一九四七年六月一四日)。

(19) 楊人楩「関於〝中共往何処去?〟」『観察』第三巻第一〇期(一九四七年一一月一日)。

(20) 儲安平「英国工党執政」(『東方雑誌』第四一巻第一七号、一九四五年九月三〇日)で、儲は次のように述べている。「現在多くの人がソ連を恐れ、ソ連に対して一種の脅威を感じている。この脅威と恐怖の感情によって、かれらは社会主義を談ずることさえも恐れている。しかしソ連と社会主義とは実際には二つの事柄である」。

(21) 施復亮もこの点について次のように言っている。「自由主義者は革命主義者ではない。しかし必然的に民主主義者である。中国民主政治の実現は必然的に自由主義者の努力をまっている」。(施復亮「論自由主義者的道路」『観察』第三巻第二二期、一九四八年一月二四日)。

(22) 儲安平「政治協商会議的成敗」(客観一週)『客観』第八期(一九四五年一二月二九日)。

(23) 同「我対于所参加政治協商会議的非政府代表的一個重要進言」(客観一週)『客観』第一〇期(一九四六年一月一二日)。

(24) 同「協商成就」(客観一週)『客観』第一二期(一九四六年一月二六日)。『客観』の政治協商会

議に対する評価としては、呉世昌の「論政治協商会議」（第一〇期）なる論文がある。呉は儲安平と密接なかかわりを持った人であり、儲が上海に移ってから同誌の編輯を受け継いでいることから見て、儲の考えと非常に近かったと見て良いであろう。その彼はこの論文の中で政治協商会議について次のように言っている。「［それは］国民党の執政以来、最初の国策を決定する民主的会議ということができる」。「この会議は、中国政治を解決する必需品となるだけでなく、中国の民主化をかざる装飾品ではない。国内外の中国の民主化に関心を持つ人士は、それに無限の希望を寄せており、それの進行を促しており、その成功を願っている」。これは儲安平の政治協商会議に対する評価と異なっている。その要因は、『客観』の資金的背景が国民党と深いつながりがあり、儲は資金を拠出しているある人物とのかかわりで国民党への率直な批判ができなかった点に求められよう。かれの思想と『客観』の資金的背景との矛盾、これが儲が同誌の編輯長を辞した原因である（拙著『中国の知識人と民主主義思想』第六章二五八頁参照）。

(25) 社評「我們要求政治協商公開」『大公報』一九四五年一二月三一日。
(26) 同右。
(27) 社評「和平・統一・民主」『大公報』一九四六年一月三一日。
(28) 社評「政治協商会議的成就」『大公報』一九四六年二月一日。
(29) 拙著『中国の知識人と民主主義思想』第六章（研文出版　一九八七年）二七九〜二八〇頁。
(31) 王芸生・曹谷冰「一九二六至一九四九的旧大公報」『文史資料選輯』第二八輯（一九六二年六月）一八八頁。
(32) 拙著『中国民主同盟の研究』（研文出版　一九八三年）三三五〜三三七頁。
(33) （注29）第六章第四節　参照。
(34) 杜邁之「論中国的自由主義者」『文萃』第二巻第二二期（一九四七年三月六日）。

(35) 同右。

(36) 同「再論中国的自由主義者」『文萃叢刊』第一種(一九四七年三月二〇日)。

(37) 程程「自由主義者与中国現局」『時与文』第二巻第一六期(一九四八年一月二三日)。

(38) 徐季明「中国往那裏去?」『時与文』第二巻第一五期(一九四七年一二月一九日)。

(39) 楊人楩「自由主義者往何処去?」『観察』第二巻第一一期(一九四七年五月一〇日)。

(40) 同「再論自由主義者的途径」『観察』第五巻第八期(一九四八年一〇月一六日)。

(41) 拙著『中国民主同盟の研究』三四二~三四七頁参照。

なお自由主義者と「自由主義分子」とを明確に区別し、「自由主義分子」はある勢力が政治的意図を持って組織しようとするものであるとの考えが、自由主義者の側から出されていた。楊人楩は「[マーシャルの今後の中国の政治は]〝自由分子〟によって指導されねばならぬ」との言明に対して、「それが指している〝自由分子〟が自由主義者であるとは断定できない」と述べ、「自ら〝自由分子〟と名乗っている人は必ずしも自由主義者ではない」と明確に述べていたのである(注40)を参照)。

(42) (注31)二〇四頁。

(43) 王芸生・曹谷冰前掲 二〇五~二〇六頁。

第三章　「整風運動」と中共への批判

一、一九五六年の内外情勢と中国共産党

　ソ連共産党二〇回大会のスターリン批判（一九五六年二月）に対する中共の対応は、四月の「プロレタリアート独裁の歴史的経験について」によって、基本的に明らかにされているところであるが、ここでの中共の主要な関心は、スターリンに対する評価および批判の仕方と個人崇拝の廃止、集団指導の尊重という点にあり、それは民主集中とそれの大衆活動の面における大衆路線と結びつけられて論じられていた。そしてこの大衆路線から離れ、官僚主義、命令主義に陥る危険性が、中国共産党にも存在していることを指摘していたのである。この欠陥を免れるためにとられた方針が、芸術・学術上の「百花斉放・百家争鳴」であり、民主党派との、「長期共存・相互監督」の政策であった。

　しかし重要なことは、ここで、中共はプロレタリアート独裁の本質的な理論的展開をなさず、プロレタリア独裁と民主主義との関係については、いささかも考慮していなかったということである。したがってその「長期共存・相互監督」の政策も、より根本的な理論的解明がなされぬまま、知識分子・党外人士と

中共との矛盾の解決の一つの方法として、政治的テクニックとして、プラグマティックに提起されたと考えられる。このように〝独裁論〟についての根本的な理論的究明がなされなかったことは、事態の転換によって一転する可能性をもっていた。

中共のプロレタリア独裁論は、ハンガリー事件後の国内外の緊張状態の高まりの中で、「ふたたびプロレタリア独裁の歴史的経験について」でよりくわしく論じられることになるが、ここでも中共は、スターリンの功績を高く評価し、その理論的誤りの再検討を欠いていたのと軌を一にして、プロレタリア独裁の古い命題を強調するにとどまった(1)。

すなわちプロレタリア独裁の抑圧者に対する独裁の面を強調することによって、社会主義への批判者・反対者の存在を容認しないことをプロレタリア独裁と社会主義的民主主義の本来的姿であるとの理解にとどまり、レーニンによって実践されていた反対者・批判者の容認という社会主義的民主主義のあり方を考慮することなく終ったのである。そして、その同じ見地から「党の指導的役割をよわめまたは否定しようと」することが、すなわちプロレタリア独裁をよわめ、否定することと理解され、共産党の指導権の絶対性を主張していたのであった。

ハンガリー事件後の国際的な情勢は、帝国主義の圧力と右翼日和見主義の台頭によって、プロレタリア独裁そのものが危機的状況におかれていたことは確かであり、中国の国内的な情勢についても、次のようにきわめて緊張した状況が生まれていた。まず、自然災害について見るならば、「一九五六年の天災は、わが国解放以来最大の災害であったばかりでなく、また、わが国における数十年来もっとも大きいものであり」被害面積は二億三〇〇〇万ムー、被害者数は七〇〇〇〇万人に達するものであった。[2]被害は単に自然災害によるだけでなく、合作社の急速な発展によっても加速されていた。それは主として、農村副業の面にあらわれ、「綿花とナタネの受けた災害はとくにひどい」[3]ことが、政府によっても確認されているところであった。このような、自然災害と合作化の行きすぎから来る矛盾は、農村における緊張関係を生み出さざるをえず、五六年年末から五七年にかけて、農村にも大きな動揺を生み出していたのである。たとえば、「去年［一九五六年］の年末、広西省玉林県楊前郷の楊前農業社で社員のストライキ事件が起こった」[4]し、「河南省新郷県興寧郷の東営農業社では、今春［一九五七年］の生産運動中、いくたの社員の食糧騒動が連続的に起こった。一番忙しい春耕の季節に社員の出勤率は八五％から五〇％に低下した」[5]状況が生まれていたのであり、「××県では三万人が騒ぎをおこした」[6]。騒動までに至らなくとも合作社からの脱退の動きはかなり広範囲にわたって惹起されていたと考えられる状況であった。

しかも民衆の騒動は農村だけにとどまらず、学校においても同様であった。「××造林学校で三百人が騒ぎを起こし、上を下への大騒ぎとなった。どうしようもなかった。」[7]

このような状況に対して、プロレタリア独裁の独裁的機能の強調、プロレタリア党の指導性の強調が、国際共産主義運動の中で、一定の積極的な意味をもったことは肯けるところではあるが、しかし、そのことが国内の社会主義的民主主義の発展にとっては、きわめて否定的な要因として作用するにいたったことは、その後の事態の推移からして明らかなところであった。

五六年秋ごろからの中国国内での矛盾と動揺に対する中共の態度は、一二月末のさきの論文「ふたたびプロレタリアート独裁の歴史的経験について」によって確定したといってよい。中共は五七年に入るとただちに、この矛盾に対応するため、全国の省・市党委員会の書記会議を開催した。ここでの毛沢東の発言は、この緊張した状況に対して、「小ブルジョアジーは独裁をやろうと考え、ひとを引きおろして自分が独裁をやり、ハンガリー事件を起こそうと考えている(8)」と、きわめてきびしいとらえ方をしめした。それはかつて、八か月前に「すべての民主党派は、中国共産党の指導をうけ入れている。……これらの諸党派の中の一部の人びとは反対派である(9)」といって、民主党派の不満が中共の指導下での不満であるととらえていたのにくらべて、決定的な相違をしめしているのである。ここに情勢の緊迫の度合が反映しているのを見ることができるとともに、プロレタリア独裁＝中共の指導の貫徹へのすさまじいまでの意気ごみを見てとることができるであろう。そしてこのように、プロレタリアートと小ブルジョアジーの指導権の争いと把握する限り、小ブルジョアジーとの公然とした闘争による、それの打倒が意図されるのは当然であった。毛の全国省・市党委員会書記会議での発言は、そのための意志統一であり、中共の戦術の展開、戦闘開始をつげる第一声であった。ここで毛は、「教授が議論したければ、議論させることによって、矛盾を暴露し、矛盾を解決するのがよい(10)」といい、「民主人士には、進んで批判するようにさせ、舞台で互いに、われわれと論じあうようにさせ」、「批判に対しては、その情況に応じて、ある場合には主動的に働きかけ、ある場合には受身の形をとって、あとから人を制するようにしなければならない(11)」といって、小ブルジョアジーとの指導権争奪の戦術を明らかにしたのである。

ここではじめられた小ブルジョアジーとの闘争の第二歩は、二月二七日の最高国務会議第十一回拡大会議での「人民内部の矛盾を正しく処理する問題について」の講演である。ここでのべられた内容がいかなるものであるかは、大要は知りえても、その細部にまでわたって正確に知ることはできないが、民主党派に対して、批判と発言をさせることを主眼としていたことは想像にかたくない。この中でも、毛は、中共と民主党派の相互監督が何故必要であるのかとして、「党も個人と同様に、その耳で異なった声をきくことが、たいへん必要だからであります。共産党を監督するものは、主として勤労人民と党員大衆であることは、誰でも知っています。そのうえ、民主党派の監督があることは、わたくしたちにとって、いっそう有益なことです(12)」といって、民主党派からの監督、批判を歓迎することを明らかにしていたのである。

さらに中共宣伝部長陸定一は三月五日「整風運動十五周年を記念して」で、新たな整風運動をよびかけた。

民主党派は、この講和にもとづいて、三月下旬、一せいに会議をもって、この講和の報告集会を行い、かくて毛のいうように「相互監督」の方針にそって、中共への公然たる批判ができるという基盤が用意され、整風への下地が準備されたのである。この準備のもとに、四月二七日「整風運動に関する中共中央の指示」が出されて、民主党派、党外人士の中共への批判運動へと発展する第三歩がふみ出されたのである。このような経過は、明らかに、五六年末からの社会的緊張にどう対処し、その中で、プロレタリアートと指導権を争う小ブルジョアジーをいかに「撃退」し、プロレタリアートの独裁をいかにしてうちかためるかの政策の一環として、整風運動がおこされたことを明らかにしているのである。

二、「整風運動」と知識人の対応

「整風運動」は、四月二七日の中共中央の指示によって開始されるが、すでにこれ以前から、中共に対する民主党派（＝知識人）の意見と批判は提起されていた。三月に開かれた政治協商会議第二回全国委員会第三次全体会議の席上で、何人かの民主党派の人びとによって、後に整風運動中に大々的に展開された知識人の中共批判の論点の多くはのべられていた。それらのうちいくらかは、中共にとってうけ入れられるものであって、それは、反右派闘争後に開かれた第一期全国人民代表大会第四回会議の周恩来による「政府活動報告」の中で、うけ入れることが承認された。

しかし、中共がどうしてもうけ入れられない意見、のちに「ブルジョア右派分子」として処断し、退け去った意見――政治制度の改革の問題もまた、この政治協商会議のなかで、提起されていたのである。それはきわめて抽象的な形でのべられていた。民主同盟副主席章伯鈞はいう。「社会主義的民主主義は、新民主主義的民主主義から発展したものであり、全人民所有制と集団所有制が資本主義的私的所有制にとってかわった後のより高度な政治生活の様式である。この新しい民主主義の様式は、わが国の歴史上に例がないだけでなく、その他の国家にもくみとるべき適当な先進的な経験のないものであり、……中国の実際の情況、中国の文化的生活の伝統と新しい生産関係の必要にてらして、一歩一歩新しい経験を創造し、社会主義に適合した比較的完備した民主主義制度をうちたてることしかないのである」(13)（傍点引用者）。

章伯鈞はこのように社会主義的民主主義の確立の必要という立場を明らかにし、しかもそれが自国の歴史の中にも他の国にも見ならうべき例のないことを明確にして、民主主義の新しいあり方、内容、制度を追求すべきことをとき、その点から、百家斉放・百家争鳴についても「この偉大な民主主義の方針が現出されたことは、まさに中国プロレタリアートと中国共産党、毛主席が、しだいに民主主義の範囲を拡充し、民主主義の生活内容を豊かにし、民主主義制度を強化するものである」と、社会主義的民主主義への接近をしめすものとして高く評価し、その上で、次のような提起を行った。「人民民主統一戦線を拡大し強化するという要求のもとで、政治協商会議の任務と工作は日に日に重要となって来ようとし、政治協商会議の工作内容と方法もまた、日に日に完全で充実したものとなることが必要となっている。」資本主義の二院制、ソ連とユーゴの二院形式に見ならう必要はないが、「中国の政治協商会議の作用と発展からみて、それはまさに強化し拡大にむかっている。……実際の政治生活の中で、政治協商会議のこの組織はしだいに中国人民の民主主義が必要とする議会制民主主義の一環となることができる。この政協会議以後、われわれは中央から地方にいたるまでの各級の政治協商会議の工作をさらにすすめて強化しなければならず、私は今年の適当な時期に全国協商会議の工作会議を召集して、この大会で提起された工作問題を解決することを希望する。[14]」

ここで章伯鈞がのべていることは、明らかに二院制の議会制度が必要であること、それが中国の社会主義的民主主義のあり方であること、政治協商会議が二院制の一方を構成する要素となりうるものであることなどを示唆したものであった。この意見は、整風運動の中でも、さらに具体的な形でのべられることとなる。

章伯鈞はさらに、社会主義的民主主義の発展とかかわる問題として、民主諸党派の独立性についても強調していた。「共産党の指導は、ただちにかれらの監督と考えることはできず、それぞれの運動に参加することが、共産党の監督と考えることはできない。相互監督は、一つの人民内部の日常的にすすめる批判と自己批判の政治生活の様式であり、双方がたがいに信頼しようとし、職位も職権ももとうとするならば、双方の相互監督を実行することが必要なのである」と、中共と民主党派の平等のあり方を強調し、「民主党派と無党派の人びとは工作の上でも、学習の上でも、その他の面でも、まず主人然とした思想を確立しなければならず、自らを卑下してはならず、自ら尊大ぶってもならず、自分のありのままをつくすべきである[15]」と、民主党派などの人びとが自主的・独立的な態度を確立することの必要性を強調したのである。この思想は、五月以後に提起されてくる、いわゆる〝ブルジョア右派分子〟といわれる人びとの思想を、きわめて抽象的な形をとりながらも、基本的に明らかにするものであった。

かくて整風運動への知識人の思想的基盤はととのえられ、整風の中で、より鋭く、発展させられていくこととなるのである。

二月二七日の最高国務会議での毛沢東の講話、三月五日の陸定一の「整風運動十五週年を記念する」論文の発表などによって、整風運動への動きは強められ、三月二〇日以後の各民主党派の会議による毛沢東「人民内部の矛盾」の講話の報告とその学習会を通じて、整風への準備は整えられていったが、この段階でもまだ知識人の整風運動への態度は懐疑的であり、口は重かった。

このような知識人の状況を、費孝通は、「知識分子の早春の天気」と表現し、次のようにのべていた。

「昨年一月の周総理の知識分子の問題に関する報告は、春雷のように土にもぐっている虫をはいださせる作用をし、百家争鳴のそよかぜに接して、知識分子はしだいに積極的になってきた。しかし、一般の老知識分子についていえば、現在はまだ早春の天気のようである。……早春の天気は、急に寒くなったり暖かくなったりして、もともとすごすのにもっともむずかしい季節なのである。……知識分子についていうならば、かれらは百家争鳴にたいして熱心である。しかし心のなかでは熱心でも、口はかえって閉じている。誰かほかの者が発言し、自分は聞いているのが一番いいと考えている。……恐れるのはブラック・リストに載り、思想状況を探られ、次の摘発でやり玉にあげられはしないかということである」(『人民日報』一九五七年三月二四日)。

費孝通のこの発言は、多くの知識人の実態を鋭くいいあてていた。

四月五日、民主同盟の全国工作会議の閉会のあいさつに立った黄薬眼も、「現在、いくらかの同盟員は、百家争鳴にたいしてまだ恐れをいだいている。それは報復されるのをおそれ、面子《メンツ》を失うことをおそれているのである。だから、民主同盟の当面の工作は、この心配を除去することである」(傍点引用者、『光明日報』四月六日)とのべて、知識分子が、争鳴の真意をはかりかねて、なかなか口を開こうとしない状態にあったことを認めている。またある報告も、次のように、この間の事情を伝えている。

「何回かの会議の席上、みなが、費孝通先生の最近発表した〝知識分子の早春の天気〟の文章について、それはまったく高級知識分子の心情を代表するものであると考えるとのべている。ある人はいう。現在の環境はまだ思っていることをいい出せないし、自由な論争の気風はまだ形成されていない。民主主義を拡大するのを妨げ、百家争鳴するのを妨げる有形無形の障碍はまだるいるいと横たわっている。別の面では〔中共〕中央が〝放〟の方針を出し、春が来て花が咲く季節も必然的にやって来た。このため、現在の現実の状況は、たとえれば〝早春〟となるのであり、早春の環境の中では、知識分子はみな春のさむざむとした心情である。早春の天気のたとえに反対する人はなかった。これは知識分子が、みな〝春のさむざむ〟とした感じを感じているからではないだろうか」(『光明日報』一九五七年四月九日)。

では、知識人をおそれさせたのは何であったのか。「その解釈はいろいろあるが、基本的にはただ二つあるだけである。一つの解釈は、政治水準と業務の水準が客観的な要求よりおくれていることであり、この問題については、どのようにのべたらよいかわからないのであり、おそれは知識の多少にかかわらず出てくるのである。いま一つの解釈は、運動の副作用として、高級知識分子に、乱暴にレッテルをはりつけるような対処の仕方に対するおそれである」(同、四月一一日)。ここに高級知識分子のおそれがあり、あえて争鳴にのり出せない根本の要因があった。

これについて翦伯賛は次のようにのべていた。

「いまのところ、知識人が手さぐりで歩いているのは、雷鳴が聞こえても雨はふらず、声はきこえても人は来ないからである。たとえば、かれらは、放鳴が本当のものなのか、ジェスチュアなのかをまだ推測しているのである。もし本当の放鳴であれば、どの程度の放鳴なのか、放鳴したあとで、よびかけが取消されるのか取消されないのか、放鳴は手段であるのか、それとも目的なのか、学術文化を発展させるためなのか、それとも思想をえぐりだして人を改造するためなのか……などの問題が、知識分子がまだおそれている問題である。(16)」

知識人のこれらのおそれは、「整風運動」の展開後、現実のものとなってかれらに襲いかかって来たのであったが、整風をすすめて「妖風」をはき出させることを第一の目的にしている中共は、この段階では、知識人からこのおそれをなくし、口を開かせるために、四月一〇日の『人民日報』は、社説「ひきつづき思いきって、〝百花斉放、百家争鳴〟の方針を貫徹しよう」をかかげて、非マルクス主義思想の存在の合法性までを明らかにした。すなわち、「マルクス主義の指導というのは、非マルクス主義の存在を前提として承認するものであり、非マルクス主義の思想がないならば、マルクス主義の指導ということもないのである」。「非マルクス主義者は、過去にもあったし、現在もあり、将来もまた存在できる」とのべた。これは、マルクス主義以外の思想はおくれた思想として拒否され、マルクス主義への自己改造を強制されてきた知識人にとって、中共の政策の一大転換とうけとられたことは想像にかたくない。また『人民日報』は四月一八日から「筆談〝百花斉放、百家争鳴〟」欄を設けて、知識人の自由な討論の場を提供する処置をとったのである。かくて、知識人の重かった口も、ようやく開きはじめ、四月中旬開かれた上海と天津の座談会を皮きりに、各地で、座談形式による討論と批判が行われていった。

さらに『人民日報』は、四月二六日「各民主党派の〝長期共存、相互監督〟を語る会議から」という社説をかかげ、民主党派の中共批判を歓迎し、「有職無権」の問題、地方の民主党派が中共と独立・平等の地位をもつべきだという批判などに対して、「われわれはこれらの批判が、基本上から見て正しいものであり、肯定できるものであると考える。われわれはこれらの批判を歓迎し、これらの批判が〝長期共存、相互監督〟を実現する方針の重要な方法である」と賛辞を送ったのである。中共のこのような態度は、民主党派の中共批判を基本的に承認し、それを歓迎するものであり、そこには何らの限界も存在しないことを印象づけるものであった。そこには、中共と民主党派の平等・独立の地位の要求を承認する内容も含まれていたのである。これが後に見るように民主党派の主要な要求となっていくのであるが、この段階では、そのような意見も「歓迎」されていたのである。そして翌四月二七日、中共中央の整風運動をよびかける指示が出されて、大々的な整風運動の展開となるのである。この指示が、党外人士の整風運動への参加を歓迎していたことはいうまでもない。かくしてこれ以後六月上旬までの約一か月半に出された中共に対する批判と意見は多岐にわたり、党と政府の指導のあり方、政治制度に関係する問題、学問研究の自由に関係するもの、資本家階級の二面性についてのもの、反革命粛清にかかわる意見、言論の自由に関係するものなど、種々様々な問題が、批判とし、意見として提起された。

ここではこれらのうち、学問研究・言論の自由にかかわるもの、およびそれに関連して党の指導のあり方の問題と、政治制度に関係する問題にしぼって論じることとする。この二つにしぼったのは、ここにこそ中共と党外知識人との矛盾の焦点があったし、またそれゆえに中共として、もっともうけいれがたいものでもあったと考えられるからである。それは六月中旬以後の〝反右派闘争〟のなかで端的にしめされた。

三、学問・思想の自由をめぐって

学問・思想の自由に関していえば、整風運動のさきがけである〝放鳴〟が、まずこの分野で開始され、知識人の批判と要求の提示ですすめられたこと、それは、中共と党外人士の矛盾のもっとも鋭く反映した分野であったために、批判がもっともまとまった形で提出されたという特徴をもつものであった。四月二七日の「整風運動の指示」直後に出された上海財経学院教授王惟中の意見は次のようにのべている。「従来学校内の党組織とはどうもうまく行かず、学校を換えようかと思ったこともある。」「党と知識分子との関係になぜ問題が起こるかといえば、私は次のような原因がありうると思う。第一に若干の同志の指導方法が知識分子の特性にマッチしていないことである。……知識分子がちょっと不正確なことをしゃべり、ちょっと欠点のある文章を書いたからといって、直ぐにその思想が反動的であるときめつけられるならば、彼らは憤死もしかねないのであり、ほとんど幾晩も眠れないのである。……第二に、教条主義と思想の自由との矛盾がある。きわめて多くの学術思想上の問題が、何れも反動思想というレッテルを押しつけられているが故に、その道理を説くこともできない実情にある。……第三に、闘争方式がはっきりしていないことである。思想改造の時に、ある老教授が思想をただされたが、ただしたのは一七、八歳の学生であり、彼の子供よりもなお若い小僧っ子である。私はこんな方式は良くないと考える。」「何か欠点を見つけたら……何も無理に〝ブルジョア思想〟とか何とかいう大袈裟なレッテルを貼りつけるには及ばないのである。」

「学術研究上の問題については、自由選択課目を多く開講することを提案する。各学派が同時に開講して学生に自由に批判選択させるべきだ。[17]」

これは整風運動の開始期の発言であるため、その後の発言に見られるような激烈な調子はないが、抑制されたことばの端はしに、知識人の党の指導に対する本質的な不満がのべられている。とくに学問・研究領域に対する党の指導・干渉に対する不満はきわめて強いものがあった。胡先驌（植物学者）は「ある学習である人がルイセンコ学説に不同意を示したら、その人は、〝検討〟されようとした」（『人民日報』五月一日）と訴え、林孔湘（華南農学院教授）は「一九五一年、……私は果樹の落果問題を報告し、その報告の中でアメリカの文献を引用したところ会議主催者は……演説が終らないのにメモを演壇に送って私の報告を中止させた。……そしてこの問題の専門家でもなく、僅か五分間の調査研究をしたにすぎないソ連専門家の報告が熱狂的に歓迎された」（『光明日報』六月一日）とのべて、「党には三つの偏向がある。すなわちソ連を偏愛し、党員を偏愛し、青年を偏愛することがそれである」（同）と指摘していた。同様のことは、劉乾才（華中工学院副院長）も、「英・独・仏語に通じていても、ロシア語を知らないと外国語を知らないことにされる」（『光明日報』五月一九日）とのべている。高名凱（北京大学教授）は、「漢語には独得のものがあり、西洋語の語法に準じて、品詞を分類することはできないといったら、それは漢語を低級な言語だと軽蔑するものだとして、帝国主義学者のレッテルを貼られた」（『光明日報』五月九日）。ここにのべられているのは、当時の学問・研究に対する干渉事例のほんの一部にすぎないと思われるが、この事例の中に見られるのは、およそ科学的態度とは無縁のイデオロギー優先の政治主義である。また、学術の交流の面でも、方崇智（清華大学教授）は、「外国人が清華大学を参観にきた時、学校は教授が外国語で直接話し合うことを許さない」（『人民日報』五月一五日）と指摘し、その閉鎖的な指導を批判している。これらの干渉が、学術の発展にとって障害になるだけであって、何らのプラスをも生むものでないことは明らかである。

このような学問研究と思想の自由にたいする障害の要因はどこにあったのであろうか。それは官僚主義・セクト主義・教条主義にあったのであろうか。王惟中のいうように（前掲）、その要因が教条主義にあったとすれば、事は簡単である。しかし整風運動のその後の経過は、それらの障害が、単に〝教条主義〟といわれるものに発するのではなく、より根本的な「教条主義」、つまりプロレタリア独裁の中共的理解の仕方、党の指導の方法と形態にあったことを明らかにしたといってよいであろう。

学校内において、学問研究、人事、学校行政のすべての面を指導し、支配していたのが、当該校の党委員会制度であった。したがって学問研究・思想の自由にたいする干渉・妨害は、党委員会とその指導にあると考えられ、それゆえ、多くの批判が党委員会制にむけてなされた。胡明（北京師範大学教授）は、「本校現在の主要な矛盾は党と大衆との関係がよくないことであり、この矛盾の主要な側面は党員と党組織である」（『人民日報』五月一六日）とのべて、党員と党組織に問題の主要な要因があることを指摘していたが、たしかに個々の党員の活動のしかたや大衆に接する態度に問題があったことは明らかである。たとえば活動態度に関しては、万嘉璜（清華大学副教授）は、「党と大衆との間に垣がある。責任ある党員に道で会っても挨拶もしない」といい、食事の時も党員と大衆とは別々の卓について「あたかも食事にも階級性があるよう」だといっている（『人民日報』五月一五日）。また呉亭（北京農業大学教授）は、「党員と私と話したことは非常に少なく、話してもその内容が二〇字をこえることはほとんどない。話した後で私に対する答は常に四字である。『対党不満』『個人出発』……等々。」（『人民日報』五月一四日）といっている。また活動方法の面では北京大学副校長銭偉長のつぎの発言は重要な意味をもっている。「現在、皆がしかめっ面で仕事をしており、ことに師生の間は融和していない。〝君がもし彼を援助しても、彼は懐疑的、批判的な態度で学習し、時には君と闘争しようとさえする。これで如何にして教えることができ、学ぶことができようか。〟三反と反革命粛清を例にとって〝知識分子の思想改造は重要だが、一部の青年が人の欠点のみをあげつらい、私生活の問題までもあばくのは老年者の自尊心を傷つけるものである〟」（傍点引用者『人民日報』五月一七日）といっている。これらの個々の党員の活動スタイルや活動方法の問題はそれとして問題であったが、党組織の問題、党委員会制のあり方こそが、より大きな問題であったのである。

南京師範学院院長陳鶴琴は、「一九五四年に院長責任制が採られたが、学校内の行政を私が全面的に掌握することはできない。党委が討論した後にこれを校務会に渡して討論執行させるのである。素人が玄人筋の問題を討論して他人に執行させようとし、私はそのとおり発言するだけである」（『人民日報』五月一四日）といい、学校行政の最高責任者も学校行政について何らの権限も持てないことを明らかにしている。しかも党委は、人事の権限の一切をもにぎっていたことは、陳敏之（民盟南京市委）の「セクト主義は人事制度の神秘化と、政策を党外人士に了解させないところに現れている」（『人民日報』五月一四日）という指摘からもうかがわれる。そして党委は、学校内の諸問題を「運動と行政命令の方法で解決しようとしている」（張守儀清華大学副教授、『人民日報』五月一五日）のであり、あたかも「教授の学術的な水準は、大衆や民主党派と労働組合の責任者の意見できまるのか」（邵爽秋北京師範大学教授、『光明日報』五月二七日）と詰問されるような状態であった。

ここから、党委否定の意見が出てくるのは当然であった。陳銘枢（民革常務委）は「現在、学校の指導は大部分、党、青年団、労働組合という一連の鞭によって工作が進められている。これでよいか否かは研究に値する。今後はより多く教師と学生に依存すべきである。学校内の党委制も各方面から考慮すべきである。機関内の党組織と学校内の党委制とには非常に大きな差異があって然るべきである。」（『人民日報』五月九日）と発言し、さらに「校務委員会制を実施し、学校内の党委員会制の取消に同意する」[18]（北京放送五月一五日）と、党委制の否定の意見を明らかにするにいたったのである。学校内の党委員会制の廃止は、校務委員会なり教授会の学校運営、教学指導の権限の拡大と結びつくものであった。したがって党委制の廃止の要求の高まりにともなって〝教授治校〟、〝民主弁校〟の方法が、論議されることは必然のいきおいであった。九三学社は五月一〇日中央常務委員会主催の高等教育関係者座談会を開いて、〝教授治校〟と党委員会制にたいする討論を行ったが、そこでは次のような見解が提起されていた。「一つの見方は大学で〝教授治校〟を実行し、教授会と評議会が主として教授等の業務工作を指導し、党委員会制も同時に存在して学校指導工作に参加するが、その重点は一般の行政工作と思想教育工作におく。第二の見方は、……〝教授治校〟の方法を実行するか否かはなお考慮を要する。このような見解をもつものは今日の大学工作に存在している欠点は党委員会制度が悪いからではなく、党員の思想作風上の欠陥から官僚主義、セクト主義、主観主義の誤りを犯したものと考える。今日の大学内の主要な問題は過去の〝教授治校〟の方法を回復することではなく、一層民主を発揚して指導作風と指導方法を改善するところにある。学校の行政指導部あるいは党委員会が重大な決定あるいは決議を作る以前に各方面の意見をきき、教授らの意見をきき、一般職員の意見をきき、十分な討議を経て決定を行う。そのために校務委員会の権力を適当に拡大し、より多くの教授およびその他の代表性ある人物を参加させて校務工作を指導する任務を担当させる。第三の見方は、校務委員会を人民代表大会と同様な権力機関とし、校長は校務委員会の主席となり、学校工作の重大な方針に関する問題は校務委員会の討議を経て決定・執行する」(『人民日報』五月一一日)という見解である。

ここで提起されているのは、大学運営にたいする大学人のより多くの意見を民主的に反映させようとするものであり、とりわけ、学問研究に関係する分野において、教授その他の教学関係者の意見を尊重させようとするものであり、大学の自治の立場を貫こうとするものであった。これと同様な意見は、民主同盟員である北京師範大学教授陶大鏞によっても、次のようにのべられていた。

「われわれは〝民主弁校〟に賛成する。というのは将来、大学における教学と科学研究工作については教授が決定権をもつという精神である。可能なことは、二種類の工作を分離し、学校内の行政工作は行政会議がこれを処理し、教学と科学研究工作に関しては学術委員会で処理することがよい。例えば、教授の招聘、副教授・講師の昇格、研究生の採用等の学術・教学に関係ある事項については学術委員会が責任をもち、財務工作については行政会議の構成員が学術会議に報告することとする。学術会議の構成員は、教授・副教授・講師の代表をもってする。党委はこの会議に代表を参加させて建議を提出することができるが、学術委員会は必ずしも党委の意見に従う必要はない。科にも科の学術委員会を作り、全科の教授・副教授が参加し、講師および助手も代表を参加させる。これが科の最高権力機関である」(『人民日報』五月二六日)。

この意見は、先の九三学社の意見よりも、さらに徹底して「学術委員会」の権限を大幅に拡大しているのが目につく。しかしその主旨は同じであり、教学担当者が学校の教学の主体であること、党委員会は単に行政担当者の地位にとどまるべきこと、しかも教学関係者の機構が、党委員会から相対的に独立すべきことを明らかにしたものであった。その意向は、いうなれば「大学の自治」を明確にしたものであり、学問研究・思想の自由を党委員会の行政的干渉から守ろうとするところにあったといってよいであろう。この要求は、社会主義的民主主義の確立という点から見た場合、きわめて当然の要求であって、何ら非難されるべき内容を含むものではなかったのである。

しかし、これらの論は、反「右派」闘争が高まる中で、「〝民主弁校〟は実質上党の指導を取消すものである」「学校党委を無力にしようとする一種の〝教授治校〟である」(王麦初民盟北京市委文教委員会副主任、『人民日報』六月二〇日)と批判され、提唱者は「右派」分子として処断されることとなる。それはまさに党の指導の根幹にふれるものであったからに外ならないし、中共にとってのプロレタリア独裁の概念に抵触するものであったからに外ならない。そして第一期全国人民代表大会第四回会議における、周恩来の「政府活動報告」において、「科学にたいする政治の指導」の優位性が強調され[19]「機関・学校・企業および団体のなかで、共産党のしっかりした中心的指導があることが、絶対的に必要[20]」(傍点引用者)であると明言されたことによって、この論の最終的な結着はつけられたのであった。

四、政治制度の民主化をめぐって

学問・思想の自由とならんで、いま一つの大きな批判は、政治制度にかかわる問題であった。この批判と意見は主として民主党派の中央幹部から提起された。

すでに以前から問題にされていた「有職無権」の問題は、この整風のなかでも大きな論点の一つとしてとりあげられた。羅隆基（民盟副主席、森林工業部長）は次のようにいう。「森林工業部長としてその部では職責と権限をもっているが、上級機関が多く、それに拘束されて、受身の立場に立たされており、職責だけあって権限がないといってよい。」（『人民日報』五月二三日）。羅子為（民盟中央副秘書長）は、有職無権の問題をくわしく分析し、党員と非党員の関係において、非党員の有職有権のもの、有職で部分的有権のもの、有職無権のものの三つの状況があるとして、その実情について次のようにのべている。(イ)国家は方針・政策の重大決定をすべて中共の党組織の討論によって行っている。このことから、党外人士の有職無権の問題は、その人が党の組織の討論に参加できるかどうかにかかわってくる。参加した者は有職有権だと思い、参加できなかった者は有職無権だと思う。(ロ)機関の行政活動においては、非党員責任者の所管事項を執行するさいに、下部の党員幹部が、かれのいうことをきけば有職有権と思い、そうでなければ有職無権と思う。(ハ)文書についても、非党員が見られるものと見られないものがあり、会議についても同様である。

ここに状況が混乱する要因がある。羅子為は以上の分析に立って、この問題の改善の方法を次のように提案している。第一に中共中央は機関党組織が重大問題を討議するさい、拡大会議などには、党外の責任者も参加させることを明確に規定する。第二に機関内の民主党派の機能と地位を明確にし、無党派人士にも意見発表の機会を与えるなど、五点にわたる改善策を提起した（『人民日報』六月一日）。このような提案は、まさに千家駒（民建〔民主建国会〕中央委・民盟中央委）のいうように、「民主人士の有職無権の現象は程度の差こそあれ、どこにも存在している」ものであり、「それは制度の問題であって、民主人士の有職有権を保証する正しい制度がないことによるものであ」（『人民日報』五月一二日）ったのであり、それは多くの民主人士に共通して認識されていたところである。それ故に、かれらは、かれらの〝有職有権〟を制度的に保証しようとしていたのである。

では、実際に党外人士の「有職無権」を生みだしてくる制度とはどのようなものであったのか。それをもっとも集中的に表現するものは、〝以党代政〟現象である。章乃器は「〝以党代政〟はたしかにあり、下へいけばいくほど多い。……国家の行政機関は充分運用されず、権力機構は充分重視されていない」（『人民日報』五月一四日寄稿）といい、千家駒も、「現在、党委あるいは党組織は行政を代行し、党組織の決定は時に行政機関を通さないで下達される。ある種の決定は担任の科員や秘書担当の党員が全部知りながら非党員幹部の知らないことがある。党の系統は荒けずりとすべきであり、行政系統は虚構とすべきではない。党委員会あるいは党組織は直接に仕事の配置をすることなく行政機関を通すべきである」（『人民日報』五月一二日）といい、邵力子（民革中央常務委員）も、「県以下の指導機関では党政問題が比較的大きいのは主として党が政府に代っているからである。県長は一般に重視されず、〔党の〕県委の権力が非常に大きい。県人民委員会の各部の工作も同様に重視されず、一切の工作は県委が決定する。……県委の機構は必要だが、権力は県人民委員会におくべきである」(『人民日報』五月一一日)と指摘している。

しかし党と行政機構の混同は、地方だけの問題ではなく、中共の「指導方法の問題」そのものにあったのである。黄紹竑(民革中央常務委員)はいう。これまで、ある一部の地方で、ある問題について党は政府を通じないで直接、人民に指令を発した。たとえば地方機関の党委員会五人小組は、反革命粛清運動において直接、事件を処理し、また党と政府は合同で決定事項を発表し、各級党委員会に対する党の指示と人民に対する政府の指示を区別しなかった。かくて一部のものに、あるいは一部の党員に、党の指導方法は直接人民に号令を発することであると思わせた。このようなことは全国人民を動員し、団結させ、国家の過渡期の総路線を達成することにとって妨げとなることであり、多くの官僚主義・セクト主義・主観主義の問題を引きおこすことになる。整風運動中に、党と政府の関係を検討し、はっきりと規定してほしい(『人民日報』五月一七日)。さらに致公党中央委員趙恵平も、「党をもって政府に代える現象は多くの地方に普遍的に存在している。これは中共中央が責任を負わねばならぬ、中共中央および党内の一部が国家行政、生産工作に対して直接発令することが、下級の党および下級の党員が政府機関を軽視し、機関、党組織が行政に代替する結果をもたらしているのである」(『人民日報』六月一〇日)と指摘し、譚惕吾(民革中央委員)は、「もともと党は思想と政策を握るといわれてきたが実際には、すでにこの範囲を逸脱し、直接人民に号令し、政府部門は権力をもっていない」(『人民日報』六月六日)とさえいって、党の国家指導のあり方に鋭い批判を展開するにいたったのである。

しかもこれらの論者は、いずれも、「党と政府の関係の問題をとりあげようとするのは、党の指導権の問題をとやかくいうためでは決してなく」(黄紹竑)とか、「共産党が国家を指導することは誰もが承認している」(譚惕吾)といっていることからしても、党の指導を否定する立場から批判を提起したのではなく、党の国家・行政にたいする指導の方法、指導のあり方を問題にしていたのであり、中共の「以党代政」の方法こそが、党外人士の有職無権の現象の生まれ出る根源であると考え、「官僚主義・セクト主義・主観主義の問題を引起こす」(黄紹竑)根源があると考えたからに外ならなかった。したがって、かれらの中共批判の根本的思想は、党と国家を分離させる思想であって、そこに民主主義的政治形態を追求する思想があったのである。それは国家のプロレタリアートの階級的支配の性格の本質をいささかも否定するものではなく、その政治形態を問題にしていたのである。中共がレーニンのいうように、この二つの性格の異なるものを混同せず、正しく認識していたとすれば、それは、中国の社会主義的民主主義の発展に大きな貢献をしたであろう。

しかし、これらの議論は、中共の抱いているプロレタリア独裁の概念の根本的な転換、スターリン的理解から、レーニン的な理解への転換を要求するものであって、中共のプロレタリア独裁論が転換されないかぎり、正しくうけとめられる可能性をもちえなかったのであり、それが、後に見るようにプロレタリア独裁否定論として、中共から、糾弾されるにいたる要因をなしているのである。

だからといってこの議論のなかに、プロレタリア独裁否定、党の指導の拒否を見るのは誤りであるといわねばならない。それは社会主義的民主主義のあり方を提起したものであったし、それをさらにすすめることが、当時の中国にとって、社会主義制度を強化するために必要なことであったのである。これらの批判者たちの意図はプロレタリア独裁の否定にあったのではなく、プロレタリア独裁の政治形態に、異なった理論的立場から接近していたといってよい、それはすでに中共によって提起された「長期共存、相互監督」の延長線上に立つものであり、それの実現としての複数政党制の政治形態を導入することによるプロレタリア独裁のイメージであった。ここに中共と異なる理論上の立場があった。それは、「長期共存」の路線を実践しようとする民主党派からは、当然生まれてくる理論的立場であったといってよい。それは民主諸党派の政治的地位の向上の要求であり、政治活動への正当な参加の要求である。複数政党の存在の容認が、単なる擬制でないかぎり、このような主張が提起されるのは、当然であったし、その理論的展開は、すでに沈志遠によってなされていた（『人民日報』五六年一一月二〇日）。

そしてそれを集約し、現実的な形で提起したのが、章伯鈞の論であった。かれは、五月八日「国家機関のなかの党組織と行政指導の地位権限をはっきり区別し、各機関の業務の決定は法によって定められた集団指導を実施する行政機構が決定すべきである」（『人民日報』五月九日）といい、五月二一日には、「政治協商会議、人民代表大会、民主党派、人民団体は当然政治上の四つの設計院であるべきだと思う。そして当然この四設計院の作用を充分に発揮させるべきである。一部政治上の基本建設については事前に彼らの討議に付すべきである」といい、その内容として、「例えば国務院の会議では常にでき上ったものを持ち出してわれわれに意見の発表を求められるが、このような形式的な会議はもっと減らしてもかまわない。

しかし問題を提出し、資料を提出し真剣に討論し、豊富な内容を持たせれば、各人の見解を発揮させることができる」（『人民日報』五月二二日）と論じた。ここでいわれていることの内容は、重要問題の決定にあっては、その決定作成の課程から、それぞれの場で大衆的な討議にかけ、そのうえで問題を決定するということであり、決定された結論の賛否を問うものであってはならないということであり、民主的な政策決定と党外人士のそれへの参加、つまり党外人士の真の政治への参加を要求するものであった。そして人民代表大会、政治協商会議の場をそれにふさわしいものにすることを要求するものであった。それが発達した資本主義国の議会制度を念頭においていることは明らかであるが、その意図は、かれが三月の政治協商会議においてのべた「中国の実際の情況に合った」「社会主義の比較的ととのった民主主義をうちたてる」ことにあったことは明らかである。したがって、それは中共の指導権を否定したものではないし、ましてプロレタリア独裁を否定したものではなかった。それは、かれが五六年にのべていたという「政治協商会議を参議院（上院）にする」という二院制の構想と異なって、人民団体、民主党派などの直接的な政治参加を構想しており、資本主義の議会制度とは異なる、プロレタリア独裁下での社会主義的な民主主義の政治制度を追求していこうという意欲にみちていたということがいえるであろうし、その意味で、かれの理論は、プロレタリア独裁否定論ではなく、まさにそれを発展させようとしたものであったというべきであろう。

法体系と法秩序についても、反革命粛清とも関連して当然批判の集中するところであった。譚惕吾は、「共産党は国家の治安長久を考えるならば自ら憲法を守らねばならない。司法・弁護士・検察は国家制度に対してテコの作用をもっている。しかるに一部地区ではこの三者が一人の党員の指導下にある。これはよくない。政府は人民代表大会の監督を受けるが党はなんらの監督も受けない」(『人民日報』六月六日)といい、顧執中(九三学社候補中央委員)は、反革命粛清と関連して、法秩序の遵守についてより本質的に問題を提起した。

「憲法第八五条の公民は法律上一律平等であるという規定は、現実には多くの場合そうなってはいない。第八九条の人身の自由は侵されない、裁判所の決定あるいは検察院の許可なくしては逮捕されないという規定は、反革命粛清のさいの行動によって、全く破壊されてしまったことが証明されている。第八七条の言論・出版・集会・結社の自由という規定は実際にはすべては保証されていない。……一九五四年に憲法が採択されてから、その条項のあるものは徹底的に破壊され、あるものは有名無実である。……現在、劉少奇委員長から一般の公民に至るまで誰も憲法擁護をもちだすものはいない。憲法を反故紙同然にしてしまって、やたらに人を拘禁し、やたらに逮捕するなど、したいことをすることができる」(『人民日報』六月二六日、『光明日報』から転載)。

この発言されている事実がどこまで真実であるかは、資料的に明らかにすることはできないが、法秩序の無視がかなり広く存在していたことは、想像に難くない。それを典型的に示す例が、指示・命令による行政指導であったといってよい。林志鈞(国務院参事)はいう。「多くの面で、[指示・命令などの」公文を法律に替えているが、これはやめなければならない。暫行条例を作る方が公文によるよりもよいと思われるし、また憲法にも抵触しない」(『人民日報』六月五日)と。このような法制の無視は、中共を支持するものによっても指摘されているところであった。盧郁文（民革中央委員、国務院秘書長補佐）は、「法制を強化することを提案する」として、一、法制を守る、二、法規を整理する、三、法制を創設する、の三つの提案を行い、法制を創設するためには、「第一に党と政府との関係を定める。……第二に、法制秩序法を制定して、全国人民代表大会と国務院、国務院と各部、中央と地方の立法と法規制定上の権限の問題を解決する。第三に、各機関の組織法規を定める。……第四に、各機関内部の執務規定を制定する。……」（『人民日報』六月七日）などの提案を行った。

ここに見られるのは、「党と政府との関係を定める」などの提案に見られるように、その間の混同と無秩序、党と党外人士の関係についての、多くの人によって指摘されたような混乱が現実にあったことの実証であるといってよい。そのデタラメさを法の制定によってなくそうとするのが、この提案にも見られるのである。

もちろん法体系の確立、法制の整備は、その法体系の遵守と結びついてのみ効果のあるものである。しかるに憲法そのものが無視されるという状況の中で、法秩序の遵守は期待すべくもなく、法秩序の遵守の思想の欠如しているところに、法制の整備が存在する余地はなかったといってよいであろう。この思想が「独裁は、直接に強力に立脚し、どんな法律にも拘束されない権力である」（レーニン「プロレタリア革命と背教者カウツキー」全集二八巻二四九頁）という命題に立脚しているとしたら、それは社会主義的国家体制そのものを危機に陥いれる可能性のあるものであったし、それはその後の「プロレタリア文化大革命」という事態のなかで、現実のものとなったのであり、ここに毛沢東思想の一端が表われているといえる。

整風運動中における知識人の中共批判は、これにつきるものではない。その政策の当否についても、いくつかの批判が展開されている。しかし以上の二つの問題についての批判によって、批判者の本質的な意図は明らかにされていると考えられる。それは学問・思想の自由を確立し、社会主義的民主主義の政治形態を現出させようとするものであり、一言でいえば、社会主義的民主主義の確立であったといってよいであろう。それはまた、その後中共が批判したようにプロレタリア独裁を否定し、ブルジョア独裁を復活させようとするものでは決してなかった。

しかし、これらの意見とは異なり、プロレタリア独裁を否定する論も少数ながら提起されていた。儲安平（九三学社中央委員、『光明日報』編集長）の議論がそれである。かれは以上のような議論をさらに先鋭な形で展開し、中共のさまざまな不適当なやり方の根源がどこにあるかを問題にし、中共のプロレタリア独裁の思想そのものにあるとしたのである。彼は言う。中共は「〝王土にあらざるはなし〟という考え方をもっていて、そこから現在のような党の天下という一色の局面が現れたのではなかろうか。この〝党の天下〟という思想の問題は、すべてのセクト主義現象の最終的な根源であり、党と党でないものとの間の矛盾の基本的な所在であると私は考える」（『人民日報』六月二日）と述べて、中共のプロレタリア独裁の思想そのものに問題の本質があると迫ったのである。これを受けて陳新桂（民盟候補中央委員）は、「〝党の天下〟の思想の根源はプロレタリア独裁である。……ソ連のプロレタリア独裁がスターリンの誤りを生み出し、ハンガリーのプロレタリア独裁がハンガリー事件を引き起こした。これはプロレタリア独裁という政治制度に問題があることを証明している。プロレタリア独裁は実際には共産党の独裁である。このように、共産党が政策を貫徹するとき、国家に対する指導を実行するとき、まず共産党員を信任しなければならず、次に青年団員を信任し、党に近い人を信任する。このような状況の下では、セクト主義が発生せず、主観主義と官僚主義が発生しないと考えることはできず、〝党の天下〟が形成されないことは想像できないのである」[21]（『人民日報』六月一一日）と、プロレタリア独裁の政治制度に問題の根源があるとして、プロレタリア独裁を否定するにいたったのである。ここから中共は自らの理論とその政治形態を、より本質的な面から反省することが必要であり、学びとるべきであった。しかし中共はそれをなしえなかった。その理由は、第二節で見たように、この運動がもともと、中共の誤りを正すことではなく、中共に反論と批判をもつ部分を明るみに引き出して、その「毒草」をいっきに摘みとることを目的にしたものであったからである。そしてこの方針は、「毒草」がある程度乱れ咲き、これ以上放置しえない状況となるに及んで、「毒草」摘みとりへと一転するのである。それが反「右派」闘争であった。

注

（1）人民日報編集部「ふたたびプロレタリアート独裁の歴史的経験について」（五六年一二月二九日）『新中国資料集成』（以下『資料集成』と略す）五巻　三〇六～七頁。

（2）（3）周恩来「第一期全国人民代表大会第四回会議での政府活動報告」『資料集成』五巻　三九三頁。

（4）（5）祥珊「二つの方法、二様の効果」（原載『政治学習』一九五七年五号）内閣調査室編『中共人民内部の矛盾と整風運動』昭和三二年、三八三頁（以下、『整風運動』と略す）。

（6）（7）毛沢東「省・市党委員会の書記会議の総括」『毛沢東思想万歳』（上）一二三～一二五頁。

（8）毛沢東「省・市党委員会の書記会議における発言」（五七年一月）『万歳』（上）一〇九頁。

（9）毛沢東「十大関係論」、『万歳』（上）八〇頁。

（10）（8）に同じ。

（11）同右一二六頁。毛沢東はさらに、同会議の結語のなかでは、いっそう具体的にかれ一流の戦術を明らかにしている。「なぜ、百家争鳴、百花斉放が必要なのか！　その中で、必ずわざわいが出てくるからだ。好ましくない代物を鳴［述べ］させねばならない。」（同一三六頁）

（12）毛沢東『人民内部の矛盾を正しく処理する問題について』邦訳、新日本出版社　一九五七年、五五頁。

（13）章伯鈞「充分発揮民主党派的作用」『新華半月刊』一九五七年九号　四五頁。

（14）同右、四六～四七頁。のちに章伯鈞は全国人民代表大会における自己批判の中で、「一九五六年、わたくしは政治協商会議を『参議院』として見るよう提案した」（『整風運動』三九八頁）とのべている。

（15）同右、四六頁。

（16）翦伯賛「為什么会有〝早春〟之感?」『人民日報』一九五七年四月二〇日。

（17）王惟中「党と知識分子の関係について」『人民日報』四月二九日（『整風運動』三八五～三八六頁）。

（18）『整風運動』一四四頁。

（19）周恩来、前掲「政府活動報告」『資料集成』五巻　四一四頁。

（20）同右、四三一頁。

（21）陳新桂はその後「わたしはプロレタリア独裁がセクト主義その他の弊害の根源だと考えるのである。しかしプロレタリア独裁を否定するわけではない」（『人民日報』六月一四日）といっているが、ここで述べられたかれの論は明確にプロレタリア独裁を否定しているものと見られるのである。

第四章　一九七九年の民主主義論議

はじめに

最近の中国における民主主義の状況は、映画シナリオ「苦恋」に対する批判に見られるように、ふたたび苦節をむかえ、一定の枠の中に押しこめられようとしている。しかし、民主主義が民衆の闘いをとおしてかちとられ、民衆の要求を実現する過程で実現するものであったという歴史的経験は、現在の中国においてもまたその実態をしめしており、民衆の闘いの経験はここでもまた生きていることをしめしている。

そしてこの民衆の闘いは、権力の側からする枠――「党の指導」――からはみ出した形で、種々な形態をとって、民主主義の実現にむけて前進しつつあることもまた事実である。それはかつて一九五七年の「百花斉放、百家争鳴」の運動が、「反右派闘争」によって、いっきに壊滅し、毛沢東による反民主主義的な独裁体制がきずかれた状況とは異なった様相をみせている。文革の一〇年にわたる災厄と一九七六年以後の中国民衆の民主主義にむけての闘争の経験は、民主主義に対する中国人民自身の理論的な深まりと実践的な広がりをもって民衆の中に定着しつつある。よしんば、民衆のそれらの経験が、表現形態の未熟さと生硬さをともなっているとしても、一九五七年以来の二〇年の歳月は、民衆自身の成長をも生み出しているのである。この民衆の政治的成長を表現する端初となったのは、一九七六年の「四五運動」であり、ここに結集された人民大衆の意志は、〝四人組〟の支配を崩壊させ、毛沢東と彼の理論への批判を噴出させ、七八年一一月以後の民主化運動へと発展していったのである。この時以後、中国の人民大衆の民主主義をたたかいとる運動がどのように展開され、民主主義の理論的探求がどのように深化したかを明らかにすることは、中国における社会主義的民主主義の展開についての展望だけではなく、社会主義の本質、社会主義という一つの社会構成体における政治体制、政治形態の本質究明に対しても重要な意味をもつものといえよう。

中国における七八年以後の民主化運動も、解放後の中国における他の多くの政治運動と同様、中国の支配集団である中国共産党内の各派の政治動向と密接に結びつき、深くかかわって展開されて来ているという特徴をもち、さらにその根底には、中共党内の派閥的動向が何らかの形で作用を及ぼしているという特徴をもっていることはいうまでもない。したがって民衆の民主主義を要求する動きは、それらの派閥闘争の影響と色あいとを強く持つものであることもまた、当然であった。またここでいう「民衆」というものの実態も、中国共産党以外の「一般大衆」(非党員)だけを指すものではなく、それらの「一般大衆」の意向を反映している中共党員をも含むものであることはいうまでもない。したがって、この間における民主主義運動の実践過程は、きわめて複雑な過程であることを前提としなければ理解されえないことも確かであろう。以上のような前提に立って、一九七八年末から一九八〇年にいたる間の中国民主主義運動の理論と実践がどのように展開され、挫折していったか、またその理論的展開はいかなるものであったかを時間的経過をふまえて明らかにしようとすることが本章の目的である。

一、「文革」思想からの脱却

一九七八年から七九年にかけて展開された中国における民主主義を求める運動と民主主義論議は、「プロレタリア文化大革命」（以下「文革」と略す）の否定と深くかかわるものであったことはいうまでもない。したがって、その発端は「文革」否定の政治的潮流が明確になるなかで、しだいに明瞭な形をとって展開されはじめ、七八年一二月の中国共産党一一期三中全会において、「林彪・〝四人組〟の極左路線を正し」、「党の政治路線・思想路線・組織路線に根本的な変化[1]」を生じさせた前後の時期に、最もはなばなしく展開されるにいたったのであった。中共一一期三中全会以前における民主主義を求める運動と、民主主義の論調は、民主主義論展開の前段階と位置づけることができるであろう。その特徴は、一言でいうならば、「プロレタリア文化大革命」の思想と毛沢東の誤った理論に対する批判の展開という性格を持つものではあったが、それはまだ民主主義論として、本格的な理論的展開をしめすには至っていないものであった。しかしその論調のなかに、民主主義を要求する人民大衆の意思は表出されていたし、一九七六年の四五運動以来、湧出して来た中国民衆の自由を求める欲求が鋭く反映していたことを否定することはできない。

〝四人組〟の逮捕によって文化大革命に一応の終止符をうって以後の中国共産党と中国政治の流れは、

一言でいうならば、文革支持派と文革否定派とのはげしい抗争の過程であり、その抗争の過程で、人民大衆の要求と意向をより多く反映していた部分が勝利し、その政治的地歩を固めていったのである。民主主義論議の展開も、そのような政治的過程と密着して展開された。それらの過程を概観するならば、以下のような流れである。

一九七七年七月の中国共産党一〇期三中全会は、華国鋒の党主席・軍事委員会主席就任を追認するとともに、鄧小平のもとの職――党副主席・副首相・軍総参謀長――への復帰が決議され、〝四人組〟を反党集団として断罪し、かれらの逮捕拘留を「完全に正しかった」ものと認めた。(『人民日報』七月二三日)。この翌月開かれた中国共産党第一一回大会の華国鋒報告は、「第一次文化大革命」の終結を宣言した。しかし、この宣言は「第一次」文革として、さらに第二、第三の「文革」が必要であることを言外に想定しているように、華国鋒の方針は、「文革」の根本理念であった「社会主義社会における階級闘争」の理念を根本的に否定するものではなく、依然として、それを継承することを明らかにしたものであって、「文革」に対しては、肯定的な態度をとるものであった。しかし、鄧小平の復活に象徴的に示されたように、この時から、「文革」期に施行された政治・経済・社会・文化の面における否定的現象に対する是正策はさまざまな面ですすみはじめた。「生活向上のための利潤増加」の呼びかけ(『人民日報』七七・八・二七)、教育改革＝全国的な統一的大学入試の実施の言明(新華社七七・一〇・二〇)、労働者の賃金の一五～二〇%引き上げの実施(一〇・二)、大学での「革命委員会の廃止」と「校長制の復活」(一一・八、一二)、労働に応じた分配という社会主義的原則の復活(一二・一七)などの一連の動きは、その一例である。これらの「文革」否定の動きと歩調を合せて、党人事の面では鄧小平派の指導力を強める動きがすすめられていた。この年の秋、党組織部長の更迭がおこなわれ、胡耀邦が党組織部長に就任し、社会科学院々長には党の理論家、胡喬木が就任した。また『人民日報』編集長には胡績偉が就任した（いずれも鄧小平派といわれる）。これらの人事によって組織とイデオロギー面における鄧小平派の指導的立場が確立した。このような体制の整備のうえで、七八年に入ると「文革」派残党——「風派」（日和見主義的人物）、「すべて派」（毛沢東の指示をすべてのよりどころにするという人物）に対する攻撃が開始された。(2)

政治面では、二月二五日全国人民代表大会（第五期第一回会議）が召集され、新憲法が採択された。ここでの華国鋒報告は「第一次プロレタリア文化大革命」の終了を宣言しながらも、「プロレタリアート独裁のもとでの継続革命」をうち出し、四つの近代化にむけて鉄と食糧をカナメとする〝大躍進〟の方針を提起するなど、基本的に毛沢東理論に依拠し、〝四人組〟の方針を「極右」ときめつけるなど誤りと不徹底な面を残しながらも、その「継続革命」の内容を「階級闘争・生産闘争・科学闘争」と規定するなど、「文革」時とは異なった理解をしめし、経済の急速な回復、科学・文化水準の向上などの新しい方向をうち出していた。また改正された憲法は人民検察院を復活させて、司法の重視をうたうものであった。これと平行して二月二四日から三月八日にかけては政治協商会議が開かれて、「革命的統一戦線」が復活し、ここで報告に立った鄧小平（政治協商会議主席）は、「社会主義のもとでの民主主義を発揚させた大会」と称讃して、政治的民主主義の雰囲気をつくり出した。学術面では、三月一八日から三一日にかけて、全国の科学者六、〇〇〇人を集めて全国科学大会を開催し、科学技術発展の八か年計画を決定して、「近代化」

推進のための科学者の動員計画を確立した。しかし科学者を動員し、科学技術の近代化の推進に資するためには、かれらの思想を拘束している「毛沢東思想」を絶対視する思想からの解放が決定的に必要な条件となることはいうまでもない。

この必要に応じて、民主党派の共同機関紙『光明日報』は、五月一一日、評論員論文「実践は真理を検証する唯一の規準である」を掲げて、毛沢東思想による束縛からの思想的解放へののろしをあげた(3)。同論文はいう。「多くの新しい問題に直面したならば、認識し、研究しなければならず、マルクス＝レーニン主義と毛沢東思想の既成の条文にあぐらをかき、既成の公式によって、無限に豊富な現実をふくむ急速に発展する革命的実践を制限し、きりきざみ、芽を摘むという態度は誤りである」。「勇気をもって生起する実際の生活を研究し、現実の確実な事実を研究し、新しい実践の中で提起される新しい問題を研究しなければならない」。この論文の提起したものは、毛沢東を神格化し、毛沢東思想を絶対視して、毛沢東の片言双句を唯一の基準とし、それをもってすべてであるとする「文革」の思想による呪縛からの解放の必要性であり、思想理論の面における「文革」克服への巨大な一歩であったが、それが与えた影響は単に思想理論面に限られるものではなく、政治的な面においても巨大な影響を与えるものであったし、同論文の意図もまたそこにあったのである。これ以後、反「文革」派はいちように「真理の基準は実践」であることを論拠とし、よりどころとして、「文革」派を政治的に追いつめて行くことになる。

民主主義に関する論議もまた、毛沢東思想からの思想的解放の過程で、活発さを見せ、その理論的な深まりを見せて行くこととなる。

七八年はじめ頃から展開されはじめた民主主義論の特徴は、文革肯定派と文革否定派の闘争というこの時期の政治的情勢を反映して[4]、「文革」中の論理に依拠しながら、主として「林彪・四人組」の専制的な支配体制への批判として展開されているという性格をもつものであり、その第一の特徴は、毛沢東の「プロレタリア独裁下での階級闘争論」に依拠しながら、その論旨を展開していることであり、第二の特徴は「大量の、まだ除去されていない封建的残滓」、封建的思想の除去という闘争課題を、民主主義の確立の課題として提起している点にあった。ここから明らかなように、この時期の民主主義論は毛沢東の設定した枠をぬけ出たものではなかったが、「封建的残滓」の除去という論の提起は、そのこと自体がすでに文革期の支配体系を封建的専制、〝長官の独裁〟の体制と把握していることをしめすものであって、毛沢東批判をその根底に秘めているものであった。

それらの論を具体的に見てみよう。もっとも初期に発表された民主主義論の一つである『復旦学報』の論文[5]は以下のように論じている。搾取制度がなくなっても、搾取する人間はいるし、階級も存在する。反動階級の思想的影響、なかんずく封建制度の毒素は依然として存在する。また小生産者の習慣の力も根強いものであり、帝国主義と社会帝国主義の侵略の危険性もある。したがって「プロレタリアートの独裁を強めなくてはならぬ」。ここまでの論理はプロレタリア独裁論の公式的な論理であり、「封建制度の毒素の存在」という点を除けば、「文革」期の論理とのちがいはまったくない。しかしここからは次のように変わる。「それには、まず広範な人民の民主主義があってはじめて、プロレタリア独裁も強固になりうるのである」。「社会主義社会の矛盾は、大部分人民内部の矛盾であり、すべての思想認識の問題は、みな人民内部の矛盾に属する。〔したがって〕その解決の方法は、独裁の方法ではなく、討論の方法、説得の方法だけである。つまり民主主義的方法である。はっきりしていることは、社会主義的民主主義を発揚することが、すなわちプロレタリア独裁下での継続革命の主要な闘争形式なのである」。つまり社会主義社会における矛盾の解決の方法を、「文革」期の暴力的「造反有利」と専制的支配に求めるのではなく、また五七〜五八年の反右派闘争時のように〝ブルジョア右派分子〟に対する弾圧的強圧的な措置に求めるのではなく、「社会主義的民主主義の発揚」に求めるように変わったのである。ここに「文革」の思想からの一八〇度の転換を見ることができるし、それは重大な思想的変化である。では、その民主主義の必要性はどこにあると考えられているのであろうか。それは「社会主義経済を高速度で発展させ」、「国民経済を発展させることによって、プロレタリア独裁の物質的基礎を強める」ためにであり、そのために、民主主義的方法によることが「広範な大衆の知恵を結集させる」ことを可能とするためであるという点に求められているのである。つまり民主主義は「大衆の知恵を結集」するための——大衆動員のための一つの手段であると理解されているのである。

ここに中国共産党がこれまでとって来た民主主義についての理解の一つの典型を見ることができるが、その民主主義は人民大衆を一つの政治目的にむかって結集させるための一手段としての民主主義であって、人間の解放を目的とするための民主主義（この民主主義はその実現そのものが一つの目的となりうる性格のものである）ではなく、大衆動員のための一手段、一方法にすぎないのである。民主主義についての中国共産党のこの理解は、一九四〇年代はじめの延安における「大衆路線」の方法にもとづくものであり、その方法は封建的圧迫のもとで、たちおくれた中国農民の認識を高め、封建的な束縛を脱してかれらを行動に立ち上らせるという点では有効なものであっても、それはあくまでも指導と被指導を前提とするものであって、いわば「指導された民主主義」の範疇に属するものであり、「党の指導」を前提とする民主主義であった。(6)

この時期の民主主義論のいま一つの特徴である封建的残滓を消滅することが、民主主義の確立にとって重要な意義を持つという主張は、次のようなものである。(7) 中国の封建的な伝統は、「自覚されない習慣の力として民衆の中に存在し、革命家ですらそれを免れえない」強固な「歴史の惰性」として存在している。このように強固な封建的残滓が新民主主義革命達成後も存在しているのは、民主主義革命が「比較的短期間に」社会主義革命に転化したことによるものであり、それゆえ、解放後の中国社会には「封建的残滓と社会主義の先進的な事物とが併存することとなった」。このことからして、政治戦線と思想戦線において社会主義革命をすすめる過程で、プロレタリアートは「ブルジョアジーとプロレタリアートの矛盾に直面しただけでなく、社会主義と封建勢力との矛盾にも直面した」のであって、当面する矛盾の解決を一つの方面だけに求め、他の一つの方面における矛盾を軽視することは、「実際にそぐわず、誤りとなる」のである。「なかんずく思想の領域で、封建的伝統の影響と習慣の力を除去する闘争の任務は格別に重要であり、格別に困難である。この任務を完成しないならば、ブルジョア意識形態との闘争においても、最後の勝利をかちとることは不可能である」。その理由は封建的な思想が人民大衆に与えている影響は、ブルジョア思想に比べて、「はるかに広範で、牢固たるものだからである」。このように封建的残滓とその思想的な影響を克服することに当面の闘争の主要な任務をおき、そこに民主主義実現の展望を見出そうとする姿勢は、すでに述べたように「文革」の一〇年間が「封建的社会ファシズム」の専制的支配であったとの認識に立つものであり、「文革」期の専制支配の根源が封建的な意識にあったとする認識に立つものであって、一つの進歩をしめすものであるが、同時に土地革命の完成以後、中国共産党の闘争任務からはずされていた封建的な残滓への闘争――民主主義的思想（中共は、この思想を一貫してブルジョア思想として拒否し、否定して来ていた）の実現の課題が、社会主義的生産関係の樹立以後も、依然として大きな意義をもっていることを指摘している点で重要な意味をもった指摘であり、民主主義へむけての思想的前進をしめすものであった。

以上の二つの論調によって見られるようなこの時期の民主主義論は、まだ学術雑誌においてかろうじて見られるだけであり、その論の展開も、「文革」中の毛沢東理論に論拠を求め、主要な論点においても問題の本質に鋭く切りこむといった姿勢は見られず、民主主義の実現にむけて、大胆な論理の展開を示すにはいたっていない。毛沢東思想の束縛は、まだ依然として、中国人民の頭上に重くのしかかっていたのであり、このことは文革肯定派の政治的・理論的潮流が、まだ主要な地位を占めていたことをしめしていた。民主主義への議論が活発化するためには、毛沢東思想という重石が取り去られることが必要であった。それは中国の人民大衆の闘争の発展によって、しだいに現実化していくこととなるが、それはまた民主主義論議の発展の過程でもあった。

二、毛沢東思想の克服と民主化運動の発展

一九七八年七月一日付『人民日報』は、一九六二年の「拡大中央工作会議における毛沢東の講話」――毛の自己批判発言を発表した。この会議は人民公社の失敗を総括した会議として知られ、そこで毛沢東がその指導の誤りを自己批判したことは早くから知られていた事実であったが、この時の毛の自己批判を公表したことは、毛沢東の誤りを中共が公然と承認し、かれの絶対的な無謬性を否定し、その絶対的権威を相対化しようと試みたものであり、毛沢東の誤った理論の否定に道を開く第一歩であった。この年の九月以後、「文革」時における毛沢東の極左的な誤った理論と政策に対する手直しが、急速にすすめられるにいたる。

九月三日の『光明日報』は文革時に北京大学で行われた「批判」を誤りとし、その時批判され失脚した者の名誉が回復されたことを報じ、さらに一〇月一〇日には、陝西省において清明節の大衆運動によって逮捕された三一人の名誉が回復され、北京市革命委員会が批判されたことを報じた。「文革」の名のもとに、人民大衆に対して加えられた弾圧を否定するこれらの政治的動きに加えて、理論面においても、毛沢東理論に対する手直しがすすめられはじめた。九月一日の『光明日報』の論文(8)は、農村における自留地が、「社会主義経済に必要な補完物である」ことを説いて、文革時に劉少奇の「修正主義」、「資本主義の復活を促すもの」として、最大の攻撃要因であった農村での部分的な私的生産の復活が、社会主義経済制度と

矛盾するものではないことを明らかにし、自留地の復活をうながした。『光明日報』はさらに、九月二九日の論文において、毛沢東の片言双句を不変の教条としてはならぬと説いて、毛沢東思想を相対化する主張を展開した。(9) 毛沢東思想を相対化する動きは、一〇月七日の『人民日報』が、周恩来の一九四九年五月の中華全国青年第一回代表大会での講演「毛沢東に学ぼう」を掲載したことによって、さらに大きくすすめられた。この周恩来講演の公表は、毛沢東とその理論に対する客観的な見方を確立する必要性を示唆したものであり、毛沢東思想の絶対化とかれの神格化を否定することを意図したものであったといえる。しかしこれらの動きは、毛沢東思想への根本的な批判、毛沢東思想に対する全面的な再検討を意図するものではなく、毛沢東思想を相対化しようとするものにすぎなかったことはいうまでもない。これらの動きのなかで注目すべきことは、五月の「真理の基準」論文発表以来、この時期まで、文革理論の否定、毛沢東思想絶対化の否定の動きにおいて、指導的な役割を果たしてきたのは民主党派の機関紙である『光明日報』であったということである。このことは民主党派が政治的・組織的に中国共産党の「指導」から独立した地位を確立したとか、対等平等の、中共を批判しうる地位を持つにいたったとかを意味するものではない。中国共産党内部の民主化を要求する部分、毛沢東思想の絶対化を否定する部分――鄧小平派――が、『光明日報』をよりどころにして、依然として根強い力を持っている文革派、すべて派に対する理論的な闘争を仕掛けたものと見るべきであろう。復活後の鄧小平が、ただちに全国政治協商会議の主席となっていることは、そのことを十分に裏づけている。ここに中国共産党内における複雑な権力闘争の一面が存在していたといってよいであろう。

このような「文革」の否定への動きが強まるなかで、文革派残党の一人、呉徳が一〇月一〇日、北京市革命委員会主任と北京市長の職を解任された。これは反文革派の文革派残党に対する組織面での攻撃開始の第一弾であった。呉徳解任後の北京市革命委員会は、一一月一五日、先に毛沢東の指導によって「反革命事件」として処断されていた七六年四月五日の天安門事件を、「大衆の革命的行動」との評価を下して、毛沢東の決定をくつがえす決定を行った。これは文革と文革派に対する反文革派の政治面での攻撃の第一歩であった。この時、中国共産党は拡大中央工作会議（一一月一〇日から一二月一三日まで）を開催中であったが、この会議は、文革の評価、毛沢東の評価をめぐって、文革派残党と反文革派がしのぎをけずって展開した闘いの場であった。このことは、その後の各種の情報から明らかにされている。[10]この政治的情況の中で、一五日に出された北京市委員会の天安門事件に対する評価の逆転決定は、この会議での闘争において反文革派の優位が確定したことをしめすものであったが、この前々日の一三日には『人民日報』は、『中国青年報』がこの年のはじめに発表した論文「民主主義を大いに発揚し法制を強めねばならない」を転載して、民主主義と自由の重要性、民主的な政治制度への転換の重要性を説いて、反文革派への理論的援護を行った。この論文が提起した民主的な制度への改革の方法――「行政と企業の人員を選出し、解任し、監督する権利を保証する」こと、「全国人民代表大会の代表は秘密投票で選出すべき」こと、「指導者の任期を明確にする」ことなどは、その後の制度的改革のなかで実施に移されていった。[11]

一一月から一二月にかけて開かれた拡大中央工作会議の中で、反文革派が文革派残党に対して有利な地歩を占め、勝利しえた要因の一つに、大衆的なカベ新聞（大字報）の威力があったということができる。

一一月一五日の北京市委員会の天安門事件に対する決定の公表前後から、カベ新聞は、急に、大量に張り出されるようになった。この裏に一種の〝指導〟が存在していたことは明らかであるが、カベ新聞のかなりの部分が大衆自身の自発的な意志を表明するものであったことも否定できない。それらの内容のほとんどが、文革を否定し、文革中の不正義を告発し、民主主義を要求するものであったことは、そのことをしめしている。(12)この中で特徴的なことは、民主主義を要求することとならんで、毛沢東に対する批判が、強烈に、表面きって提出されて来たことである。この一〇年来の闘争は周恩来中心の民主路線対「家族的封建ファッショ独裁路線」の闘争であった(一一月一九日)。「毛主席は神ではなく人間である」、「もし人民が毛主席に対する本当の評価をいわねば言論の自由も民主主義も絵空事になってしまう」(一一月二二日)。「実践によって毛沢東同志を検証しよう」、「偶像は民主主義の敵だ」、「新式の偶像と現代の皇権を打倒しよう」、「秦の始皇帝とその後継者による封建ファッショ主義の理論体系を全面的に取り除こう」(一一月二四日)。毛沢東は文革で武闘を奨励し、知識人弾圧をけしかけた(一一月二五日)。毛沢東に対するこれらの手きびしい批判は、一一月二二日のカベ新聞が指摘するように、それが自由と民主主義の実現に欠かすことのできない条件であるという認識にもとづくものであった。このような認識は大衆の思想の健全さをしめすものであった。文革を否定し、文革の理論を否定しながら一方で、文革の発動者、文革の真の責任者を不問に付すという中国共産党の方針(これは反文革派も文革派と同様なものであったといってよい)は、人民大衆によって、その誤りを見すかされていたのである。もともとこの時期のカベ新聞攻勢は、反文革派がその政治闘争を有利に展開しようとして、意識的に煽り立て、〝指導〟して行わせたものである面があったのであるが、民衆の認識と要求は、反文革派（この場合鄧小平派といってもよい）の思惑をはるかに越えてすすみはじめていたのである。二一日のカベ新聞は、「上層部だけの全面専制は許されない。民主主義と人権がなければ『四つの近代化』は出来ない」と述べて、民主主義の実現と人権の保証が最も先決の条件であることを主張していたし、さらに二七日には、「歴史を創ったのは誰か。毛主席か、あるいは人民だろうか」。「なぜ異なる意見の存在をゆるさなかったのだろうか」。「異なる意見を持っている人は、なぜいつも打倒されなければならないのだろうか」。「プロレタリア文化大革命は中国人民の生活をプロレタリア独裁の実験に使った」。「われわれは、わが国の真の主人になりたいのだ」[13]などの批判は、毛沢東批判の域をこえて、中国共産党への批判、「プロレタリア独裁」＝中国共産党の支配への批判にまで発展しはじめているものであった。しかも二五日以後、北京の民衆はカベ新聞の前で、自然発生的な大衆的な討論集会を開きはじめ、それに参加する民衆の数は、日ごとに増大する気配を見せ、その規模は数千人から一万人にも達するにいたった。これらの民衆の要求しているものが、単に文革に対する批判にとどまるものではなく、文革によって極端な形で露呈した民主主義と自由への抑圧、人権（身体・生命の安全）の蹂躙に対する反対をとおして、人民大衆の民主主義と自由の権利の真の実現、人権（身体・生命の安全）の完全な保証にあることは明らかであった。これを放置しておくことは、第二の天安門事件に発展する危険性さえ孕んでいた。これらの民衆の声を背景にして、拡大中央工作会議で文革派残党に勝利した鄧小平は、いまや、民衆の要求を抑えることが必要となった。かれは毛沢東批判のカベ新聞に対して否定的な発言を行い、二八日の『人民日報』はこれを伝えた。二九日のカベ新聞は、この鄧発言に対する反論をただちに行った。

「毛主席が過ちを犯したなら、公然と批判さるべきだ。あなた（鄧小平）は人民に沈黙を強いることができるが、それでは何の解決にもならない」[14]。しかし鄧小平の発言は、カベ新聞に対する規制を強めることとなり、三〇日以後、大衆的な討論集会も急速に衰え、カベ新聞の数も減り、その論調も調子の低いものとなって行った。

一一月から一二月にかけての拡大中央工作会議における反文革派の勝利を背景にして、一二月一八日から五日間にわたって中国共産党一一期三中全会が開かれた。この会議は文革の誤りを認め、毛沢東にも誤りがあったことを認め、文革時に失脚した幹部と冤罪をこうむった人びとの名誉を回復することを決定し、「政治生活の民主主義」を強化するために中央規律審査委員会を設置するなど、文革以来の党の路線の根本的な変化を確定した会議であった。それは文革の思想であった極左路線を否定するものであり、これ以後の中国共産党の「四つの近代化」へむけての出発点をなすものであった[15]。

この会議にむけられた人民大衆の要求が、民主主義の実現にあったことはいうまでもないが、その民主主義実現の具体的な表われである文革中の冤罪をはらし名誉を回復し、自由を回復することは、当面のもっともさしせまった要求であった。このような人民大衆の要求をとりあげて、一二月二三日のカベ新聞は、冤罪をはらすために上京した数万人の窮状を、『人民日報』は見て見ぬふりをしていると批判した[16]。

三中全会が毛沢東の神格化を否定し、その極左路線を否定して、政治生活の民主主義を強化する方向を明らかにしたことは、人民大衆の民主主義への要求と動きをふたたび強めるものとなった。七九年一月六日、「中国人権同盟」なる組織は、『中国人権宣言』を発表して、「公民は思想・言論の自由を求む」、「全国の思想犯・言論犯を釈放せよ」、神格化・迷信・偶像崇拝の除去、「西欧の民主主義と文化も参考にせよ」などの要求をふくむ一九項目にわたる要求を提出し、民主主義と自由を求めて運動を展開しはじめた。[17]

一月一日北京で成立されたとするこの「中国人権同盟」なる組織が、いかなる実態をもった組織であるかは明らかではないが、このような人民大衆自身による自発的な組織は、四九年の解放以来はじめてのことであり（文革中のさまざまな「造反組織」は大衆の自発的な組織とはいいえない）、人民大衆の政治的成長をうかがわせるに足るものであった。しかし、ここにもられた要求のいくつかは資本主義世界への志向を示しているもので、社会主義的民主主義の実現という点では不十分さをもち、また資本主義への傾斜をしめす危険性をもつものであった。しかし、それは中共の一党独裁のもとでの歴史的経験から生まれて来た中国人民の認識であり、また当面の切実な要求の反映でもあったのである。このような中国民衆の考え方は、貴州省の労働者の組織である「啓蒙社」の手になる一月七日のカベ新聞第三号が、中国には民主主義が欠けていると指摘して、「なぜ社会主義国家に民主主義が少なく、反対に資本主義国家が人権の旗を高だかと掲げるのか。人権は米国のようなブルジョア階級国家だけのものか」[18]という問いかけの中にも見ることができ、民主主義実現の要求が、社会主義の制度の根幹に切りこみはじめて来ていたのである。

この頃から、冤罪をはらすことを求めて上京した農民が、中南海へデモをかけ、座りこみをはじめる動きが目立って来た。いわゆる民主活動家はこれを積極的に援助した。[19] またこの時期から『探索』、『四五論壇』などの民主主義を要求する青年活動家の印刷物が七八年一一月のカベ新聞の続刊の形で、数多く発行されはじめた。[20] 民衆の民主主義を要求するこれらの運動の高まりに対して、この時期の『人民日報』の論調は、民主主義を依然として党内における民主主義のみにとどめようとする傾向をしめし、民衆の要求とは大きくかけはなれていた。一月一一日の特約評論員の論文「全党内の民主的生活を健全化しよう」は、林彪・四人組の専制的支配の要因が長年にわたる党内の政治生活の不正常さにあったと指摘して、「党内の非民主が社会の非民主に影響を与えた」とし、一九五八年から六二年の大躍進の挫折と経済的困難の要因も、党内の民主生活が不正常であったこと、党内の民主集中制の原則が破壊されたことにあったとしていた。そして同論文は、このことから、党内の民主的生活の健全化こそが「国家生活における民主主義や法秩序」にとって決定的な作用をもつものであると論じた。ここでは直接に名指しはしないものの毛沢東の指導責任、毛沢東による党内の民主集中制の原則の破壊こそが、国家生活における民主主義の破壊の根源であることを間接的に指摘していたのである。確かに、この時期、党内の民主的生活の確立、民主集中制の確立は、三中全会の決定にそって、鄧小平派が文革派を排除し、近代化路線を確立するために、最も緊急を要する課題となっていたのであり、それゆえ、鄧小平派の手による党組織のたて直し——文革派の排除を企図した規律審査委員会が三中全会において設置され、党内体制の整備がとりくみはじめられたのであった。同論文がこのような党内事情を反映して、この課題にこたえようとして出されたものであることは明らかであった。しかし、同論文が提起している論理——党内の民主生活の健全化が国家生活の民主化の鍵だという論理は、一面での正しさを持ちながらも、中国民衆の当面する緊急の要求に、十分に応えうるものではなかった。文革によって迫害され、冤罪におとし入れられ、十数年にわたって被害をこうむって来た民衆にとっては、名誉回復による社会生活の自由と、正常に生きる権利の確立は緊急に解決されねばならぬ要求であって、中国共産党の党内生活の民主的規律の確立をまってから、解決されればよいという問題ではなかった。それゆえ、民衆は一一月のカベ新聞において、文革時における「封建的ファッショ専制」をきびしく否定し、文革を発動し推進して来た元凶である毛沢東の責任を鋭く追求して来たのであった。民衆のこのような要求と毛沢東に対する批判（それはまた党に対する批判でもある）に対して、中国共産党、鄧小平は毛沢東への批判を抑える方向を三中全会前後から強めて来ていたが、七九年一月、冤罪を求める上京農民（上訪人）と民主主義と人権を求める青年労働者が結びつき、その要求実現のための大衆的な運動として発展しはじめると、ただちにこれを抑圧する方向に転じた。

一月中旬、北京市長林乎加は、カベ新聞には非常に反動的なものもあり、外国大使館に印刷機を求めたものもあり、党と社会主義を敵視するものがいると述べ、さらに、民主活動家の出版物を「地下活動だ」と非難し、民主活動家に対する弾圧を示唆する演説をおこなったことが「中国人権同盟」によって暴露された[21]。この演説の直後の一月一八日、上京農民を支援した女性民主活動家傅月華が逮捕された[22]。一月二一日中国人権同盟は、これに対して民主化を要求する運動を弾圧するものとの非難声明を発表し、さらに一月二九日には、民主化運動を推進する六団体が共同で、北京市西単の「民主の壁」の前で統一集会を開き、五〇〇人が参加して「公然と」行動することの必要性を訴え、「民主化闘争」を推進するアピールを発表した[23]。三中全会の前後から顕著となった人権と自由を求め民主化の徹底を求める青年労働者の動きと、冤罪からの名誉回復を求める上京農民、都市に逃げ帰った下放青年の職と働く権利を求める動きとは、七九年に入って、一月から二月にかけて統一されて一つの大運動を形成するいきおいを見せはじめていた。北京では七八年暮から、上京農民と下放青年のすわりこみ、デモが連日くり返されていたし、上海でも一月二〇日頃からはそれらの民衆の動きは請願運動として展開されはじめていた。これらの情勢を背景として、先の民主化闘争推進のアピールを出した民主化運動推進の六団体の統一集会を見るとき、その規模は小さいものであったとはいえ、それの持つ政治的意義は極めて大きなものであったと見ることができる。それはこれらの民衆の運動を一つに結合して、民主化闘争を推しすすめる一大運動に発展させうる核を形成したことを意味するからである。先の文革と毛沢東に対する批判は、この時期を境として、一段と鋭さを増し、中共の支配体制そのものへの批判に及ぶ形跡をしめしはじめた。カベ新聞はいう。人民公社制度は人民の希望に反対する当局者がつくり出したものであり、社会発展の法則に反するものであるから廃止せよ。(24)毛沢東の誤りは「スターリンの誤りよりも重大である」、「人民はもはやボロボロの旗などいらない」、「毛沢東を打倒し、歴史の被告台に押し上げなければ、かつての政策がまたもぶり返し、社会は混乱し、経済は後退し、民衆は圧迫を受け、四つの民主化は空語に終る」(25)。これらの批判は、毛沢東の指導とその誤りに対する徹底的な批判とその否定なくしては今後の政治的方向も危ういという民衆の危惧の念をしめすものであるとともに、大躍進から人民公社にわたる経済政策の失敗も、文革による経済の破局的危機も、その根源が毛沢東の極左路線にその原因があり(26)、その原因をとりのぞくことが必要であることを主張するものであった。しかもこれらの批判は、単に毛沢東への批判にとどまらず、毛沢東に対する批判を抑える中国共産党への批判ともなって鋭くつきつけられていたのである。

民主主義と人権の確立を要求し、そのために文革の誤りの徹底的な清算を要求する民衆に対して、三中全会において、鄧小平派の指導のもとで、近代化推進の路線を確定し、その枠内での自由化の方向を確立した中共は、その指導のもとでの「民主化」＝民主運動への圧迫の方向を強めることとなる。民主化を要求し、名誉と権利の回復を要求する民衆の運動に対する中国共産党の反撃は、二月九日の『人民日報』社説からはじめられた。[27]同社説は経済的困難をただちに解決することはできないとして、時間的猶予と生産活動への参加を求めるとともに、民主主義を強調すべき時ではあるが、この民主主義は「決して集中を否定するものではない。集中指導を否定し、規律の制約を受けない民主主義は無政府主義にすぎない」と論じて、生活上の困難を訴えてその解決を要求する民衆には忍耐を、民主主義の要求には「集中」と「制約」の必要とを要求したのである。この社説をうけて出された二月一二日の同紙の評論員論文は、さらに露骨に「社会秩序の堅持」を訴え、「故意に事をかまえ、深刻な状況を引きおこす一部の人間には法律の制裁を科すべきである」と主張して、民主化を要求する民衆の運動に対する拒否の姿勢を明らかにしたのである。[28]民主活動家がこれらの論調に対して、「これは大衆の権利を弾圧する信号弾である」と反撥し、非難したのは当然であった。[29]

このように民主化推進の大衆運動のもり上りと、それに対する中国共産党側の抑圧の姿勢が明確になる状況のなかで、二月一七日、中国のベトナムへの侵略戦争が開始された。この戦争の要因が何であったかについては、国内的・国際的な多くの側面から探究されねばならぬ問題であろうが、国内的な要因の一つとして考えられるのは、民主化運動の高まりを排外的な民族意識の高揚のなかで、中共の「指導」のもとに統制しようと意図したところにあったといってよいであろう。しかし、その意図は必ずしも十分には成功を見るにはいたらなった。侵略戦争の開始直後の二月二〇日には、中国のベトナム侵略を非難するカベ新聞を張り出された。[30]さらに三月二日には、この侵略戦争の直接の動機であるポル・ポトへの中国の支援の中止を要求するカベ新聞が張り出され、[31]三月四日には再度、中国のベトナム侵略戦争を批判するカベ新聞が張り出されたのである。[32]この侵略戦争は、ベトナム側の強力な反撃によって、中国は甚大な損害をうけ、三月五日撤兵を宣言せざるをえなくなり、中国のベトナム侵略戦争は、ベトナムを屈服させて東南アジアに中国の覇権を確立するというその主たる戦争目的においても、この戦争によって国内における思想統一を達成しようとする意図においても失敗に終ったが、この戦争を通じて国内の民主化運動への抑圧は急速に強められ、民主化運動はこれ以後逼塞の方向へむかわざるをえなくされた。

三月一六日、鄧小平は政府と党の指導者を集めて開かれた集会で、民主とは「四つの近代化」達成のための提案をおこなう自由だと定義すべきであると演説し、西単のポスターや一部の人は「ゆき過ぎている」と語り「外国人に秘密を売り渡した」者とか、外国大使館を訪れたものは「逮捕すべきである」との民主化運動への抑圧方針を明らかにしたことが伝えられた。[33]これより先、三月六日には上海市公安局は民主運動と下放青年のデモ・請願を取り締る布告を出していたが、[34]二二日には、広東省革命委員会も、自由化・民主化運動の行き過ぎを規制する布告を発し、[35]同日の『北京日報』、『工人日報』両紙は、人権尊重を要求する運動を「反社会主義・反プロレタリア階級の動き」として非難する論文を掲載して、[36]民主化運動への敵視の姿勢を明らかにした。三月二八日には『人民日報』は、首都法曹界の主要人物の座談会の記録をのせて、その中で、「いくらかの人は民主主義の看板をかかげ」、群衆を集めて混乱をひきおこしたり、政府機関を襲撃したり、「仕事や生産、社会の正常な秩序を破壊したりしている」と発言させて、民主化を要求している人々を非難し、かれらを逮捕・拘禁すべきことを示唆した。(37) これは民主化を要求している民主活動家の言論活動を、故意に一部の秩序破壊者と同列視して、秩序破壊の口実のもとに弾圧を加えようとするものであった。これに対して、民主活動家の側からは、三月二五日に出されたパンフで、鄧小平は自己の名声を利用して「反民主主義闘争」をすすめ、「人権抑圧」と「毛沢東時代と同じ独裁」体制を維持したがっているとの痛烈な非難があびせられ、「われわれはもはや彼を信頼してはならない」との態度が表明された。(38) このような民主主義をめぐる民主活動家と当局者との闘いのなかで、三月二九日、北京市革命委員会はデモとカベ新聞の大幅な規制を内容とする六項目の通告を出し、(39) 民主化運動の弾圧へと一歩をふみ出した。三〇日には五千人の幹部活動家を集めた集会で、鄧小平は①社会主義の原則、②プロレタリア独裁の原則、③党の指導の原則、④マルクス＝レーニン主義と毛沢東思想の原則、という四つの原則の堅持を民主化運動の規準とすることを提唱して、民主化運動への枠をはめ、民主化運動抑圧の方向を明らかにした。(40) 北京市革命委員会の布告と、鄧小平演説の直後から、カベ新聞の撤去と民主活動家の逮捕とがただちにはじめられた。三月末から四月のはじめにかけて多くの民主活動家が逮捕された。三月二九日、民主化運動の指導者の一人であり、『探索』の編集長である魏京生が軍事機密漏洩の口実のもとで逮捕されたのを皮切りに、(41) 四月四日には弾圧に抗議するカベ新聞を張ろうとした「中国人権同盟」のグループ四人が逮捕され、(42) 三月末以来四月はじめまでに北京だけで、一五人にのぼる民主活動家が逮捕されたことが明らかにされた。さらに杭州でも四月に入って、三人が逮捕されたと報じられた。(43)

七八年一一月から、大衆の公然とした活動として展開されはじめた民主化を要求する運動は、当局者の「暴力的弾圧」のもとで、四月以後、しだいに下火とならざるを得なくされた。この時期の特徴は中国共産党一一期三中全会の文革否定と冤罪に対する名誉回復の方針のもとで、文革を否定する民主主義的雰囲気が高揚し、[44]それと歩調を合せて、民衆自身の名誉回復と民主化を求める運動が大きく展開されたことにある。しかしそのような情勢の中にあっても、民衆の真の自由と人権の確立を要求する動きと、民主主義の限界を党の指導の範囲にとどめようとする中国共産党の方針との厳しい対立とせめぎ合いが展開されていたのであり、このせめぎ合いは二月九日の『人民日報』社説を転機として、党の指導する範囲内での民主主義という方向へ民衆の民主化要求の運動は抑えこまれていったのである。このような党の民主化運動抑圧の動きに対して、四月二六日のカベ新聞は、「活動家、地方当局者、民衆は中国共産党とは違った意見を持っているが、みんなだまっている」。「指導部は口先だけで民主化運動の存在を認めてはいるが、実際にはそれをまったく否定している」。「一九六〇年代の『文革』と毛沢東思想に対するひき続く批判と見直しが事態の進展にとって必要である」。「もしそれが行われないならば、『四つの近代化』は決して実現しないし、社会主義の道にさえなり得ない」との批判が提起され、[45]民主活動家からは「大衆に自分で自分を解放させる」という民主化運動が必要であり、それが時宜にかなっており、「人民の権力を保障し、ほんとうに人民を国の主人公たらしめ」る民主主義国家の建設を目標にすべきだという批判が提起されて来たのである。[46]ここには党の指導のもとにおける制限された「民主主義」か、人民が真に主人公となりうる人民の民主主義かという重要な理論問題が存在していたのであり、実践的には五八年以後七七年までの体制にもどるのか、それとも文革の災難を真に克服しうる新しい展望をもった段階に至るのかという問題がはらまれていたのである。そして四月以後、民主化運動への抑圧体制が強まるなかで、民主活動家の民主主義理論も深められてゆくこととなるのである

三、中共党内の対立と民主主義論の深化

民主化運動の活動家の多くが逮捕された後の四月五日、『人民日報』社説「天安門事件の革命精神を発揚しよう」は、三月三〇日の鄧小平演説の線に添った民主主義論を展開して、民主主義への制限を合理化する方向を明らかにした。同社説はいう。「天安門事件の主目標はすでに実現した。今後は四つの近代化にむけての活動となる」。「四五運動に参加した同志は、みなわが党の多年にわたる教育をうけた人びとであり、その中核の多くは、共産党員と党の幹部であり、共産青年団員あるいは優秀な青年であった。しかも、多くの党組織は、大衆の闘争を直接組織したり、支持したりした。ここからいえることは、四五運動で、かりに党の指導がなかったならば、あのような巨大な威力は発揮されなかっただろうということだ。党の指導は、主として党の路線、方針、政策の正しさに依拠し、党員の積極的役割に依拠するのである」。したがって「四五運動を評価する際、自然発生的な一面のみを見て、党の指導的役割を無視すべきではない」。われわれの提唱する民主主義は「集中的指導のもとでの民主主義である」。

この社説はいくつかの問題点をふくんでいる。第一は天安門事件が党の指導のもとに行われたものだと

いう評価であり、この社説ではその指導とは「党の路線・方針・政策の正しさ」と「党員の積極的役割」にあるという。たしかに長年の党の教育という思想的指導がこの事件の背景としてあったことは肯けるし、また党員と青年団員のある部分が積極的な役割を果たしたことも肯定されてよいであろう。「党の指導」ということを「思想的指導」という点に限定するならば、民主活動家の王希哲も評価するように、その論は正しいといえる。(47) しかし、この事件の主要な内容は当時の毛沢東と四人組の党の支配に対する民衆の反抗であり、反対運動であった。つまり党の指導、党の支配に対する民衆の闘いであったのである。この民衆の中に多くの党員と青年団員が含まれていたとしても、民衆の党権力に対する闘いであったという事実は変わらない。そしてこの運動を弾圧したのは、まさに〝党〟であった（たとえその党が四人組の支配するものであったとしてもこの事実は変わらない）。だからこそ、当時、この事件は「反革命事件」として断罪され、鎮圧されたのであった。それゆえ、この運動を「党が指導した」というのは、直接の指導を指していうのだとすれば、それは白を黒といいくるめる強弁以外の何物でもない。党が指導したのではないという事実は、この事件の裏に鄧小平が関与していたという〝四人組〟とのちには文革派の指摘に対して、鄧小平は、事件に関与せず、関知せずの態度をとったことによっても明らかである。(48) この事件の本質は、党の指導にあったのではなく、民衆の「封建的ファッショ独裁」に反対する自発的・自然発生的な行動にあったのであり、それこそが、〝四人組〟を没落させ、文革否定の方向に歴史を推進させた真の力であったのである。(49) 中国民衆にとって、文革時代の「党の指導」は「封建的ファッショ独裁」の支配以外の何物でもなかった。そしてこの独裁的支配の頂点に〝四人組〟と毛沢東が存在していたのであり、その根底には

「毛沢東思想」があったのである。したがって文革を否定し、民主的権利と自由を確立することを要求する民衆にとっては、文革の批判は、その責任者たる毛沢東の否定、「毛沢東思想」への批判に行きつかざるを得ないのであり、その批判は、ひいては毛沢東の専制的支配を許容した「党」に対して、毛沢東の支配を体現していた「党の指導」に対してむけざるを得ない必然性を有していたのである。四月五日の『人民日報』の社説はこのような民衆の意志に真向から対立するものであり、民主化を要求する運動に対する挑戦であった。このような「党の指導」の強調からは、民主主義の論議は出て来ない。したがって、この後の民主主義論議は、この社説とは異なった方面から発想され、展開されることとなる。ここに中国共産党内の複雑な状況が反映されていたといってよいであろう。

五月はじめ、中国科学院が開催した「五四運動六〇周年記念」の八日間にわたるシンポジウムにおいて、周揚社会科学院副院長は、その長大な報告の中で、「思想の解放」を前面にかかげて、「社会主義制度の新しい問題、新しい状況の出現に対して、たえず研究し、総括し、実践する」ことの重要性をうち出し、科学研究、理論研究の自由の保障を明言し、科学に禁域のないことを明らかにした(50)。この周揚報告は「社会主義の新しい問題、新しい状況」に対する研究・総括・実践、および科学・理論の研究の自由の保障を明言したものであった。しかしかれはそれらの研究と実践を鄧小平の提唱した〝四つの原則〟の堅持のうえで行うことを述べて党の指導という枠内での思考をしめしていたが、そのような「思想の解放」と「党の指導」との関係がどのようなものであり、どうあるべきかについての言及はなく、むしろかれがここで展開している論理の中心は、科学研究、理論研究での自由な発想と自由な実践という点にあり、すべてを「党の指導」と「毛沢東思想」のもとで、その枠内でという思想とは根本的に異なるものであったといってよいであろう。これと同様の論理は、『人民日報』五月五日の社説「思想を解放し、自分の道を歩もう」においても見られた。同社説はいう。「社会主義の原則、社会主義の道はゆるぎないものである。しかし社会主義の具体的形態となると、研究しなければならない」。社会主義的民主主義はブルジョア民主主義よりもはるかにすぐれてはいるが、「今日の社会主義的民主主義制度はまだ不完全であることを認めなければならない。民主化は近代化と同様、一つの過程が必要であり、一歩一歩すすめてゆくべきである」。「思想の解放は真理を求めるためであり、真理の基準は実践である。……しかも〔実践による検証は〕マルクス主義の理論自身をも〔その対象として〕含むものなのである」。この社説の立場は社会主義的民主主義に対する一つの柔軟な態度をしめすものであって、社会主義を堅持するという点以外の鄧小平のいわゆる〝四つの原則〟のうち、その他の三つの〝原則〟に対しても、それを絶対視するものではなく相対視していること、また社会主義についても、その具体的な形態については、それを相対化し、研究の対象として、変更もありうるという柔軟な立場をしめすものであった。

三月末以来の民主主義と人権を要求する民主活動家に対しては強力な弾圧をもってのぞみ、「四つの原則」のもとでの民主主義を要求しながら、一方では自由な研究を提唱するといった二面的な方針が出て来る要因はどこにあったのであろうか。それはこの時期、中国共産党が、一方で民主主義を要求する活動家と労農大衆の切実な日常的要求とが結びつき、一大民主化運動として発展することを恐れながらも、他方では三中全会で確定した近代化路線の推進のために、知識人層の積極的協力を必要としていたということに求められるであろう。したがって多少なりとも大衆的な結びつきを求め、カベ新聞や印刷物によって民主主義の論調を宣伝しようとするものに対しては容赦のない弾圧を加えるとともに、他方民衆から遊離した部分での理論的研究は許容するという方針――労農大衆と知識人層とを分離する方針をとっていたと見ることができるだろう。(51) その方針の一端が、五月から六月における『人民日報』などでの民主主義論の展開となってあらわれ出ていた。そしてこの時期、民主主義論議を展開することは、四月以来の文革派の「左からのまき返し風」(52)に対する鄧小平派の反撃としても必要だったのである。中共党内における文革派残党と鄧小平派の指導権をめぐる闘争、一方で民衆の要求と運動を抑えながら、知識人層には民主主義理論的研究を許容するといった複雑な政治状況の中で、『人民日報』などでの五・六月の民主主義論の展開を見るとき、各派の政治的・思想的立場がそれぞれの民主主義論の中に典型的にあらわれ出ているのを見ることができる。

それらの民主主義論の特徴を列挙するならば、以下のような三つの傾向に大別することができるであろう。第一は、ブルジョア民主主義制度の形式を一定の程度評価し、政治制度の面ではこれにならって民主的な形態を確立しようとする傾向であり、第二は、さらに一歩進んで、民主主義の本質にせまろうとする傾向で、この論の特徴は「党の指導」の原則に対して否定的な立場に立つものであり、第三は、前二者の論理に対抗して「プロレタリア民主主義の優位性」を展開するものであって、これはタテマエ論としての傾向が強く、具体的な説得性に欠けるものであった。

以下、それらの論調を見てみよう。まず第一の傾向をもつ論調として、呉家麟の「社会主義的民主主義の若干の問題について」[53]をあげることができる。かれはこの中で、「集中的指導のもとでの民主主義こそが社会主義的民主主義である」ことを前提にしながらも、民主主義の内容に即した形式――組織・制度・順序・方法を重視し、ブルジョア民主主義と社会主義的民主主義とのあいだに「互いに関連する側面」のあることを指摘することによって、ブルジョア民主主義に一定の意義を見い出したのである。この両者の「関連する側面」とは、一つは民主主義として専制の対立物であること、ブルジョアジーとプロレタリアートでは理解が異なっていても、ともに自由・平等・人権を語っていること、二つには、社会主義的民主主義はブルジョア民主主義から育ったもので、歴史的なつながりをもっていること、三つには、ブルジョア民主主義のいくつかの具体的形式は改造すれば社会主義的民主制に受けつがれうること、にあると指摘している。そしてかれは、両者の相異を絶対化し、「ブルジョア民主主義を抹殺し、頭から否定する態度をとり、……両者にはどんなつながりもなく、いささかの共通点もないと見倣す」見解は、「理論的に誤っており、実際的にも有害である」と指摘して、ブルジョア民主主義を肯定的に評価し、そこから学ぶという態度を明らかにしたのである。

このようにブルジョア民主主義に肯定的な評価を下すという論理は、解放後の中国にはまったく見られなかったものであり、プロレタリア民主主義の優位性の論理によって全面的に否定されて来たものであった。このようなブルジョア民主主義の形式を民主化への一つの手段とし、一つの階梯として評価し、これを積極的に生かそうとする論理は、「封建的ファシズム専制」の支配の出現を可能とした体制に対する反省から生まれて来たものであって、民主主義的制度への一つの前進的理解をしめす動きであったということができる。またこの論は社会主義の中国が、解放前の半封建的な諸要素をまだ十分に脱却しえていないという反省からも生まれているものといってよいであろう。

『人民日報』の張顕揚・王貴秀の論文「プロレタリア民主主義とブルジョア民主主義」(54)も、これと同様の傾向をもった論文といえる。同論文は、ブルジョア民主主義が一定の限界をもち、不完全なものであることを認めながらも、ブルジョア民主主義について次のように評価する。「現在問題なのは、……ブルジョアジーが封建的専制に反対することによってつくられ、実現された民主主義の形式と、かちとられた成果をすべて否定し放棄するのかどうかということである」。そしてこのような観点から「それがいくつかの進歩的性質を持つがゆえに、それを継承し発展させることができる」ものであると、ブルジョア民主主義の形式を継承することの重要性を説いたのち、次のようにいう。「プロレタリア民主主義を実現するのに、民主的形式が不完全であることは、人民大衆が実際に主人公になった権利を享受するのに制限が加えられることになる。プロレタリア民主主義を発展させようとすれば、プロレタリア民主主義を実現する形式を全力をあげて研究し、探索しなければならない」。ここには中共指導下における現実の政治体制の非民主性についての鋭い批判があり、かれらはその現実について次のように把握している。プロレタリア民主主義の実現は一つの過程であり、現在では「それは依然として制限された民主主義」にとどまっている。その理由は「物質的・文化的な条件の制約を受けている」からであり、したがってプロレタリア民主主義を完全に発展させるためには、政治・経済・文化のそれぞれの面で、総合的に発展させることが必要である。この論は中国の現実は経済的・文化的で高度に発展した社会とはなっていないということを前提にするものである。しかしかれらは、この客観的に存在する条件から、政治の面においても、社会的・経済的・文化的な拘束要件を過大視し、それゆえに政治面での民主主義をも、その条件に制約され、「制限され」た民主主義でよしとしているのではなかった。かれらの主張は、中国の現実の政治形態が「プロレタリア民主主義」と称しながらも実際には「制限された民主主義」であることを指摘し、「人民大衆が実際に主人公となった権利を享受する」民主主義の形態とするために、ブルジョア民主主義の成果と形式をもとり入れた民主主義的制度の創出に求めていたといってよいであろう。中国共産党の指導のもとにおける民主主義の状態についてのこのような把握の仕方は、すでに民主主義論の第二の傾向の一歩手前にまで近づいているものであった。この論文の筆者は、その後に発表した別の論文において、この「制限が加えられている」民主主義の状況に対して、きびしい批判を展開するにいたっている。ところで、この二つの論文でいう継承すべきブルジョア民主主義の形式とは、何であると理解されているのか。前者はそれを「普遍的な、平等な、直接の無記名投票による選挙制度」に求め、選出人数よりも多い立候補者によって人民大衆に選択の余地を与えること、および議員と選挙民とのつながりを緊密にすることにあるという点に求め、後者は、「官吏、首相などを交替させるのに、民主主義と法律の手順を経て行う」ことに求めていた。

このようにブルジョア民主主義の形式の重要性を指摘しはじめたことは、中共の政治的支配のあり方と現実の制度の非民主的制度を批判し、政治制度を民主化するための努力をしめすものであったが、張顕揚・王貴秀のいま一つの論文「言論の自由」(55)は、言論の自由の問題をとおして、民主主義の本質――人民の民主的権利の内容について論じるにいたり、第二の傾向をもつものとなっていた。同論文はいう。「言論の自由は人民大衆の基本的で、最低の民主的権利である。……人民大衆が主人公となり、国家の大事を管理しようとするならば、言論の自由は不可欠の権利である。言論の自由がないならば、……人民大衆は国家の主人公として、自らをどう表現するのか、何によって国家を管理するのか」。この言論の自由とは、茶館でおしゃべりをすることではなく、「結局のところ、人民大衆が自らの意志と願望を表現する自由とは、国家の大事に対して意見を発表する権利を持つということである。……この意見は、指導機関と権威筋、また大多数と一致するか否かにかかわりないのである。すなわち異なった意見や誤った意見の発表も自由であるということである」（傍点引用者）。「もし異なった意見、誤った意見の発表が許されないとしたならば、それは言論の自由がないに等しいのである」。ここで展開されている論理は、鄧小平のいう「四つの原則」あるいは「集中指導のもとでの民主主義」という概念を超えるものであり、真の民主主義――人民の主権の行使の内容がいかにあるべきかという問題への展望をしめしたものであった。このような立場から同論文は、「集中指導」の問題についても次のように批判する。「言論の自由は人民大衆が自らの闘いによって闘いとったものであり、人民自らの権利に属し、いかなる人の恩恵でもない」。しかし、「官僚主義がひどく身についてしまった『長官』は自覚してか、しないでか、言論の自由を自分が勝手に〝専断〟できると見なしている。〝放〟しよう（しゃべらせよう）と思うときに〝放〟し（しゃべらせ）、〝収〟しよう（黙らせよう）と思うときに〝収〟する（黙らせる）ことができると考えている。また社会主義的民主主義の観念が欠けている人は、言論の自由を『上司』と『長官』の賢明さにあると見なしている。だからしゃべらせようとしてしゃべらせ、やめさせようとしてやめさせる。しゃべらせようと思うことをしゃべらせる。その結果、自由な意見を発展させることができずに、自分のなかに、人民の意思と願望が十分に表明されたと考える」。ここに述べられている批判は、「集中指導のもとでの民主主義」、「党の指導」のもとでの言論の自由に対する痛烈な批判であり、五六〜五七年の放鳴政策から「反右派闘争」への転換にいたる毛沢東(=中国共産党)の指導と、さらには七八年末の三中全会前後から七九年三月以後の過程での鄧小平(=中国共産党)の〝放〟から〝収〟への指導に対する批判であった。

同論文はさらに、言論の自由の問題を学術問題に限定することにも反対し、政治問題にも言及させることが人民大衆の権利のあり方として重要であると指摘し、また言論の自由を抑圧する手段の一つとして建国以来行われ、中国共産党によって大衆的・民主的な批判、「大衆路線」にもとづく言論形態として喧伝されて来た〝組織的批判〟(大衆的批判)の方法に対しても、それが討論や論争ではなく、批判・討論の以前に是非の判定がつけられており、批判された者は反論も反駁も許されない「行政命令の方法」であって、「公民の言論の自由を直接に侵犯する」ものであると、中国共産党が長年にわたって「言論の自由」に対してとって来た政策を根本から否定し、「党の指導」のもとでの「言論の自由」の実態に挑戦したのであった。「言論の自由」の問題はまさに人民の主権の根幹にかかわるものであり、民主主義の真髄にかかわるものであることは、七九年春以来の民主化を求める青年活動家に対する弾圧によっても明らかであった。民主主義の実現ということを意図する限り、この反民主主義的事態に対する批判に到達せざるをえないことは当然である。これからも明らかなように、人民の民主的権利の実現、人民の主権の確立の問題は、最終的に「党の指導」のもとでの民主主義、「集中指導のもとでの民主主義」とどのような関係に立つのかという問題に帰着する。この論文はそれについて一つの示唆を与えるものであったということができる。

民主主義論の第三の傾向は、この論文にしめされたような人民の民主的権利の確立に社会主義的民主主義の確立を求める立場と正反対の立場――社会主義的民主主義の実現はあくまでも「党の指導」のもとで行われるべきものだとする民主主義論である。『紅旗』第四期(一九七九年)の王福如「四つの近代化と社会主義的民主主義」(56)はその一つの典型をしめすものである。同論文は「解放後うちたてられた人民民主主義の制度にも、若干、不完全なところがあった」ことを認めながらも、プロレタリア民主主義は社会主義的共有制の基礎のうえにうちたてられたものであるからして、「それは根本的に広範な人民が十分な民主的権利を享受できることを保証している」のであり、「人類の歴史上、もっとも広範で、もっとも充実した民主主義であり、それは少数の敵対分子に独裁を実行するだけである」と、プロレタリア民主主義の原則的・公式的な見解を表明し、自由と民主主義の問題については、「マルクス主義は、自由とは指導のある自由であり、民主主義とは集中指導のもとでの民主主義であって、無政府状態ではないと認める」ものであり、「社会主義の民主集中制は、階級に、集団に、大衆に着目し、無政府主義は個人を基礎とし、個人の意見から出発している」、「民主主義をいうだけで集中がなければ、それは無政府主義であり、極端な民主化である」と論じていた。ここから明らかなようにこの論文の特徴は、「指導のある自由」、「集中指導のもとでの民主主義」を社会主義的民主主義の本来の姿であることを強調するところにあり、それは鄧小平がうち出した〝四つの原則〟の堅持をその目的とするものであった。しかしこの論文は「集中」を排除し、「指導」を拒否する民主主義は、極端な民主化であり、無政府主義だと論じながら、その「指導」

とは何か、それはいかなる形態で、どのようになされるべきかについては具体的に何の言及もしていないのである。その根底には「党の指導」とはアプリオリに善であり、正義であることが前提とされている思想が存在しているからであり、まさに「党の指導」が文革の一〇年にわたる災厄を生み、「封建的ファッショ独裁」を生み出して来たという現実に対する反省のないのが特徴であるといいうるであろう。

徐炳「『人権』と『公民権』を論ず」[57]も同様の見解をしめすものであった。同論文は「『人権』思想には階級性がある」といい、「プロレタリアートにとって、真の人権、真の解放をたたかいとるためには、……共有制をうちたてることが必要であった。ここからプロレタリアートにとっては、従来から人権をたたかいとるというスローガンは……『私有制の消滅』となったのである」と、人権の確立と「私有制の消滅」との同質性を述べて、その階級性を強調していた。この論はマルクス主義の公式的な見解をしめすものであった。しかし私有制の消滅＝共有制の確立がただちに人権の確立にいたっていないという社会主義中国の現実を説明するものではなく、現実の中国社会に起こっている人権の抑圧という実態に対して、何ら説得的な論理的根拠をしめすものではなかった。しかもこの私有制の消滅＝人権の確立という論理は、一面ではブルジョア革命によって達せられたブルジョア民主主義の積極的な一面をも抹殺し、否定し去る論理をも内包するものであって、現実の事態を解決する何らの積極的な提起の見られぬものであった。そのことはこの論者が、中国の現実においてすでに人権が確立されており、いかなる問題も存在していないとする立場に立っていることをしめすものでもあった。その点を同論文は次のような論理として展開している。人は国家の公民として存在している。だから「人権は公民権として表わされる」。そしてこの公民権はわが国の憲法の規定によって十分な権利として与えられており、「わが国の人権問題はすでに基本的に解決している」（傍点引用者）。

ここから明らかなように、この論文は人権の概念を公民権という概念に矮小化し、そのうえで人権問題はすでに存在していないと主張しているのである。このような人権概念のとらえ方自体、人権についての重大な歪曲を含み、人権がその本質として国家権力の対極に位置して存在し、国家権力の制限・抑圧に対して、人民大衆が果敢に闘ったなかから獲得され確立されて来たという人権の持つ本質的な性格についての無知をあらわすものであった。人権のこの本質的性格は、社会主義の国家権力との関係においても何ら変わるものではありえない。ここにこの論文の非論理性があったのであるが、いま仮りに百歩ゆずって、人権を公民権に限って見るとしても、それが憲法によって保障されているとするならば、どうして公民権の侵害が起こるのか、憲法はどうして無視され、蹂躙されたのか、しかもそれがどうして「林彪・四人組」という党の指導者によって行われたのかの説明がなされないし、まして憲法と人権の侵犯が「党の指導」によって行われたとき、それをどのように解決し、どのように理論的に解明すればよいのかについて、この論は何らの解答をも与えることはできないものであった。ここには文革の惨禍を経験し、「党」による人権の侵犯に苦しめられて来た一億人以上もの中国人民を納得させうる論理の一片だに存在していないといってよいであろう。

七九年春から夏にかけて、公式の出版物上で展開された中国の民主主義論議は、まさに「党の指導」との関係をめぐって展開されていた。そしてそれらの民主主義論議の特徴は、論者個々人の思想を反映するものであっただけでなく、その背後に中国共産党内の各派の思想潮流が存在しており、それぞれの思想潮流の理論的見解を反映するものでもあったと見ることができるのである。

この時期、中国共産党内の思想的・理論的不統一がいかに甚だしいものであったかについては、文革派残党と反文革派の激しい暗闘にもっともよく見ることができる。七月三〇日の『上海解放日報』の論説員論文は、「三中全会の精神を疑問視し、それに反対するものがいる」と述べて、これらの分子は三中全会の精神を〝転向〟、〝毛沢東思想の否定〟、〝右旋回〟、〝資本主義復活〟、〝混乱〟と受けとめていると指摘しており[58]、上海市革命委員会書記彭冲の演説もまた、上海には林彪・四人組の思想体系を堅持し、毛主席の旗を守れという看板をかかげて、三中全会の方針に反対している者がおり、林彪と四人組の残存勢力と極左路線の影響を決して低く見積ってはならないと述べていた[59]。三中全会後のこの時期になっても、路線問題は最終的な決着がついていなかったのである。九月一一日のカベ新聞も、「今年七月、鄧小平を陥れる目的で〝第二次文革〟をはじめた[60]」と、文革派による反鄧小平運動のあったことを暴露していた。

一方、反文革派からも文革派――とくに汪東興に対するカベ新聞による批判が大々的に展開されていた。『北京の春』編集部による六月二八日の批判は、汪東興が公金六九二万余元を横領して、北京の中南海に自分と家族のために私邸を建てたというもので、かれを党の規律と国法によって裁くべきだとするものであり[61]、六月三〇日のカベ新聞はかれの党中央弁公室長時代の政治的役割をも指弾し、同日には別のカベ新聞が張り出されて、いま一人の文革派政治局員である陳錫聯に対して、七五年に遼寧省で、ある女性（張志新）を政治的に処刑した責任を追求していた[62]。このような文革派と反文革派の暗闘を背景にしながらも、六月三〇日の『人民日報』社説は、「党内に十分な民主主義があるかどうか、党の幹部に民主と法制の観念があるかどうかは社会の民主化に直接影響を与える」として、党内における「真の選挙制度」をつくり出して、「悪い指導者の更迭・罷免の権利を党員に与える」ことを要求し、[63] 七月一三日の『人民日報』の廖蓋隆の論文は「民主的な選挙は最も重要な事柄である」ことを主張していた。[64]

文革派の勢力が地方において、いまだに根強く存在し、三中全会の路線に抵抗し、一定の民主化（鄧小平のいう党の指導のもとでの民主化）にすら反対している状況が存在しており（先の『紅旗』第四期の論文はその一つの例であったといえる）、政治的な暗闘がはげしく展開されていたにもかかわらず、全体としての政治的流れは、反文革派＝鄧小平派に有利に展開し、党の指導のもとでの民主的制度の確立の方向に動いていた。六月一八日から開かれた全国人民代表大会第二回会議は華国鋒の政治報告において「階級闘争はもはやわが国の当面の主要な矛盾ではなくな」り、それは「社会主義的現代化の建設」に奉仕するものであることを表明し、「社会主義の民主の制度化・法律化・秩序化・規律化をはかる」こと、その具体的内容として「企業・事業体基層部の幹部を大衆の手で選出する方法」をすでにとっていること、「政府の活動と各級の幹部に対する人民の民主的監督をつよめる」ことを言明した。また新たな七つの法律の提案説明を行った彭真は、人民法院組織法、人民検察院組織法において、法院、検察院が独立して権力を行使するものであること、また地方政権組織と選挙制度の改革では、文革中に設置された地方各級の「革命委員会」を廃止して人民政府に改め、党と政（行政機構）とを厳格に分離することを明らかにし、地方人民代表大会を地方の権力機関、地方人民政府を地方の行政機関であると明確に位置づけた。また人民代表大会代表の選挙では直接選挙を県段階にまで拡大することを明らかにした。また刑法・刑事訴訟法については、逮捕・拘留の乱用の防止、幹部・大衆の人身、民主的権利への侵犯の防止、弁護人による権利の保護、証拠調査の重視など権利の保護を明確にうち出した(65)。これらのタテマエが現実にはどれほど厳格に守られたかはまた別の事柄であるにしても、これらの措置は政治制度を民主的に改革するものであり、党の完全な無制限な独裁的権力の行使の体制を改めるに足るものであった。

六月から七月にかけての文革派と反文革派の政治的葛藤は、七月末ごろに至って、反文革派の勝利としてほぼ決着がつけられたと見てよいであろう。陳錫聯が迫害して殺害したとされている女性、張志新の遺稿が七月二六日の『人民日報』に掲載され、八月一日には彼女についての回憶録が発表されて(66)、陳錫聯に対して決定的な打撃を与えた。また八月一日には、新華社通信は、北京市党委員会の行った「三家村」の名誉回復の決定の中で、文革小組顧問の康生の罪状を示唆する決定をしたことを報じた(67)。これら一連の政治的動きは、反文革派の勝利的前進を端的にしめすものであった。

四、非毛沢東化の進展と「党の指導」の強調

反文革派が文革を否定し、文革派に対して決定的な勝利を収めるためには、文革を発動し文革の理論となった毛沢東理論を批判し、その誤りを明らかにし、それを否定することが決定的に必要な条件であった。それゆえ、文革派の優位が確定した七九年八月下旬以後、毛沢東理論に対する批判が具体的な問題を通じ

て展開されるようになる。八月二一日の『人民日報』は「〝二つが合して一つになる〟に対する批判は政治的な冤罪である」[68]を掲載して、毛沢東の「一つが分れて二つになる」論を批判した。同じく八月二八日には「階級関係の分析については正確な態度が必要である」[69]を掲載し、中共八全大会の階級分析が正確であったことを明らかにして、文革発動直前の毛の階級分析を否定した。また九月一〇日には論文「当面の党史を教えるうえでのいくつかの問題」[70]において、党史が個人中心ではなく、また路線闘争を中心にするのではなく、党の報告、決議などの文献を中心にして、それを当時の歴史的条件に照らして全面的に分析して正しい党史をつくることの必要性を説き、毛沢東の誤りについても、その評価とともに明確にすることの必要性を明らかにした。九月二一日には、特約評論員論文「〝権力がすべてである〟というのは反革命の理論である」[71]によって、文革中の極左行動・奪権闘争の反革命性を指摘した。また一〇月三日の『人民日報』は山西省昔陽県党委員会の討論を紹介する記事の中で、「大塞の農業政策は誤り」であったと断罪した[72]。これらの批判はすべて、直接には毛沢東を名指しで批判するものではなかったが、批判されている理論・論点・政策のすべては、毛沢東によって提起され、提唱されて来たものであった。毛沢東理論の否定は一歩一歩深められていたといってよい。

この間、八月上旬と下旬には、地方から上京した農民・労働者の陳情団が、中南海に何度か座り込んで冤罪をとりのぞき、生活条件の改善を訴えていた。地方からの陳情者のこのような動きは、地方段階における文革派の勢力が依然として党と地方政府当局者の中に残存しており、それが文革中の冤罪を晴らすことを極力妨害しており、そのため冤罪を晴らすことを求める地方の農民・労働者が中央に救済を求めて上京して来るという状況になっていたことをしめしている。地方における文革派の残存という状況については九月四日の『人民日報』が内モンゴル自治区において文革派の「巻き返しを図」る動きがあったことを伝えていることによっても明らかである。[73]

このようにして、地方から上京して来る陳情者は、この当時北京に二〇万人もいると報じられていた。[74]しかし上京陳情者の要求は、ただちに解決されるものではなかった。かれらは九月九日には天安門広場で七〇〇人を集めて老革命家への追悼の集会を開き、一三日には二〇〇〇人が集まって、「職よこせ」、「冤罪を晴らせ」と要求し、「官僚主義、特権主義、迫害、飢餓に反対」のスローガンを叫んで現体制を批判する集会を開いた。[75]これより先、九月八日には上京陳情者約二万人が、騒ぎをおそれる当局者によって天安門や永定門附近から排除され、収容所に連行されたともいう。[76]上京陳情者はさらに一八日には、五〇〇人が北京市革命委員会前に座りこみ、「文革中、強制的に農村へ移住させられた」「政治的被害者」に北京へ戻ることを許可せよと要求した。[77]これは農民ではなく、かつての都市居住者であるといってよい。これらの上京陳情者の要求運動が活発化するなかで九月九日には『探索』誌が復刊され、[78]民主化を要求し現体制に対する批判活動を展開する動きを見せていた。八月から九月にかけて、上京陳情者の要求獲得の動きは、ふたたび集団的な大衆行動の性格を帯びて、現体制に対する批判的な運動として、一種の騒然たる政治的雰囲気をつくり出して来ていたのである。そしてそれは党への圧力として働きはじめていた。九月二六日の北京放送は、中央委員候補で元河南省党常務委員の申茂功などの三人を四人組の手先であり、殴打、破壊、掠奪、などの行為があったとして職を解任し、公安機関によって逮捕したことを報じた。[79]これは党が大衆の要求におされてとらざるをえなかった措置といってよい。
このような騒然とした政治的情況のなかで、九月二五日から二八日までの四日間、中共四中全会が開かれた。ここで葉剣英の建国三〇周年の記念演説が審議され、文革によって失脚させられた主要な幹部——彭真、陸定一、周揚、劉瀾濤、安子文、楊尚昆、薄一波などの古参幹部一二人が中央委員あるいは中央政治局員として補充選出された。[80]四中全会の同意にもとづいて、九月二九日に行われた葉剣英演説は、重要な点で不十分さを持ちながらも、文革の評価において三中全会の見解をさらに一歩すすめるものであった。文革は、その発動の意図が修正主義反対にあって正しかった。しかしそれは党内外の情勢についての正しくない情勢判断に立ち、非原則的な闘争を行ったものであり、これを林彪・四人組が反革命の目的で利用し、極左路線をつくりあげて、全国人民を一大災厄に陥れたものであるとの評価を行った。また毛沢東についてはその功績を高く評価していたが、毛沢東思想については、それが毛沢東一人の知恵によって生み出されたものではなく、集団的な知恵の結晶であるとの評価を行い、中共第八回大会の路線の正しさを確認して劉少奇を間接的に肯定した。また葉演説は、民主主義の問題については、「社会主義の民主を十分に発揚し、国家の実務と自分の所属単位の実務の管理に参加する権力を真に人民大衆に保障しなければならない」（傍点引用者）という以外、多くは語っていないが言葉のうえでは「人民が主人公である」ことを明らかにしたことは、人民大衆と党員の民主主義を要求する声を反映させざるをえなかったことをしめすものであろう。[81]
文革に対する否定的評価と毛沢東思想についての一応の客観的評価をうち出したことによって、葉演説は三中全会の路線を政治的・理論的に前進させるものとなった。しかし毛沢東に対する全面的な評価、批判を欠いたことによって、文革発動の意図は正しかったとする誤りを含み、また社会主義的民主主義の実現についても、理論的・政治的にどう深めるかの方針を欠き、民主主義の内容を「所属単位の実務の管理に参加」しうる権利としてしか認めなかったことは、人民大衆と党員の中にある民主主義の要求に、とうていこたえうるものとはなっていなかった。しかしこのような不十分さと欠陥を持った内容が、この時点では、文革派をも含めた複雑な政治力学の存在する中国共産党内で同意しうる最大公約数であったというべきであろう。

四中全会において文革否定をうち出した葉演説が承認され、文革によって打倒された大物幹部が中央委員として復活したことは、中央段階での反文革派の勝利を決定づけ、反文革派＝鄧小平派の立場を決定的に強化するものとなったことは明らかである。このことは民主主義を要求する運動と、民主主義論議に新しい段階を画することとなった。

中央段階で反文革派が決定的な優位を確立したことは、民主活動家に民主化運動を推進するのに有利な条件が生じたと受けとられた。一〇月一日には「民主主義を実行し、警察独裁をやめよ」「汪東興に法の制裁を行え」などを要求するカベ新聞が張り出され、新しい民主化運動の雑誌『時代』、『我々』なども新たに発刊された(82)。また同日『探索』、『四五論壇』、『今日』、『沃土』の四つの民主化運動を展開している雑誌は、共同で画家ら四〇〇人を集めた集会を組織し、言論活動の抑圧に抗議する集合とデモを行った(83)。上京陳情者も一〇月七日と一三・一四日に、中国共産党本部前で座り込みを行った(84)。民主化運動は三たび大きな高まりを見せる気配をしめした。その高まりをしめす特徴的な事件が、一〇月一〇日、北京人民大学の全学学生千数百人とそれに同調する教師一〇〇人による授業ボイコットとデモ行進の敢行という形で爆発した。人民大学学生のこの行動は、文革以来引きつづいている軍隊の校舎占拠に反対し、軍隊の退去を要求するものであり、七八年夏再開されてから、校舎の三分の二近くを占拠された大学側は、政府と軍当局にたびたび返還の要求を出して来たにもかかわらず受け入れられなかったものであった。しかし学生と教師のこの行動に対する中共の反応はすばやかった。翌一一日、中共中央はただちに軍に校舎の返還を命令した。それによって、一二日に予定していた全学ストは中止された。人民大学の学生の闘争の成果は、北京の他の大学・高専に波及した。軍や企業に占拠され、使用されている北京農業大学と中央財政金融学院もストライキ宣言、闘争アピールを出した。しかもこの動きは同様の状態にある全国の学園に「広がる兆しを見せている」とも報じられた[85]。このことは学生の勉学の権利を要求する当然の要求が、学園内で学生と教師の広範な支持をうけ、全学的な統一戦線として展開され、さらにそれは他大学の学生、全国的な学生の統一闘争に発展する可能性をひめていたことをしめすものであり、それを放置しておくことは、民主化運動との連帯を生み、権力への公然とした闘争に発展するおそれがあったのである。中共中央のすばやい対応は、それらの政治的重大さの認識によるものであろうし、またすばやい対応を可能にするだけの中央段階での鄧小平派を主流とする思想的統一ができつつあることをしめすものであったといってよいであろう。

この時期、先に述べたように、理論の面では、毛沢東の神格化を否定する論文、大寨の農業政策が誤りであったとする討論の記事の発表などの非毛沢東化への動きはすすめられていたが、民主主義理論の面でも新しい問題の提起がなされていた。一〇月五日の『人民日報』の論文「われわれはどのような党の指導を堅持するのか[86]」がそれである。この論文は鄧小平が提起した〝四つの原則〟の一つとして、民主化運動を抑制する論理として用いられて来た「党の指導」について、そのあり方と内容がいかなるものでなければならないかを、はじめて論じ、「党の指導」を民主主義的体制の確立のなかに位置づけようとしたものであった。同論文は、「党がすべてを指導する」という原則について、それが大衆の意見や批判を抑圧するものではなく、大衆の意見や批判をきくことによって成り立つものであることを明らかにしたうえで、「党の指導」のあり方を次の三点に集約した。その一つは、党の指導は政治面の指導であって、行政面の指導ではない。二つには、党の指導は集団指導であって、個人の指導ではない。三つには、党の指導は説得・教育を通じて行うのであって、強制手段をとってはならない。

「党の指導」のあり方をこのようにとらえることは、正しいものであり、「民衆が党に対して懐疑的になって」おり、党に批判的にすらなっている状況のなかで、党の威信を回復しようとすれば、その指導のあり方を根本的に変える以外にありえないのは当然であった。これまで党が行って来た指導がすべての面にわたって行政的なものであり、行政面については「以党代政」とさえ批判される状態であった。これを改め、行政機関に行政権をゆだねることは、政治の民主化にとって当然の措置であったといわねばならない。また同論文は文革についても、「文革はとどのつまり党の責任であり、党が誤っていたからである」と述べて、文革の誤りを林彪と四人組の責任に転化することなく、党の誤りと党の責任に求めて、「党の指導」のあり方についての反省をしめしていた。このことは同論文が社会主義的民主主義を「党の指導」の枠組のなかでとらえるという不十分さを持ちながらも、民主主義の確立に対して党指導の改善の方向を大胆に提起したという点で、民主主義論議に新しい段階を画しうるものであったということができる。しかし同論文が一方で「何事をなすにも、中国共産党の指導から離れてはうまくいかない」との立場を固持していたことは、この年の初め以来、一つの社会的な思想潮流として成長して来ていた民主活動家の思想、前節で見た民主主義論の第二の傾向などの思想とはあいいれないものであり、人民大衆の主体的な政治への参加、国家管理への参加という真の民主主義的体制の確立にはほど遠い理論であり、中国共産党の「指導」を前提とする「実務への参加」の理論であったということができるであろう。

このように、民主化への理論的な探求と大衆の実際の運動が続けられているなかで、それに反する動きも強められはじめていた。一〇月一六日、民主化を要求する活動家で、『探索』の編集長であった魏京生の裁判が行われ、ベトナム侵略戦争中に外国人と接触したことを理由にした「軍事機密漏洩」と、プロレタリア独裁と社会主義の転覆をはかる言論を行ったとの罪状による「反革命罪」として、一五年の懲役刑の判決がくだされた。この裁判と判決が「政治的裁判」であり、民主化を要求する活動家に対する「思想裁判」であったことはいうまでもない。この裁判に対する北京の民衆の反応を朝日新聞特派員は、「壁新聞の一部は裁判の不公正さを批判し、一般大衆は口ごもりながら表情で賛否を語っている(87)」と伝えているように、この裁判が民衆の自由な言論活動を抑圧しようとする意図を露骨にしめしたものであり、その目的が達せられつつあることをしめしていた。

この裁判の判決が出されて以後、民主化運動に対する抑圧強化の傾向は急速に強められていった。それは四中全会において立場を強化した鄧小平派に対して、葉剣英に代表される「折衷派」が、新たに文革派に近づき、民主化への動きに反対する傾向、文革と毛沢東の誤りの総括に反対する動きを強めたという政治情勢と無関係ではない[88]。ここでもまた民主主義への動きは、中国共産党内の政治状況と関連しながら展開されるという状況を呈するにいたるのである。そのような政治的推移をしめす論文が、一〇月二六日の『光明日報』に発表された。評論員の手になる「人権問題について[89]」がそれであり、それは民主化運動を抑圧する論理を展開したものであった。同論文は次のように論じている。「人権」はブルジョアジーの反封建革命の思想的武器であり、その政治綱領の基本的内容であった。しかしそれは形式的には普遍的なもので、すべての人を包含しているようであるが、実際には、プロレタリアートと勤労人民にとっては虚構である。人権はまた現代では帝国主義とブルジョアジーが、社会主義とプロレタリア独裁を攻撃するスローガンとなっている。人権という概念自体が抽象的で不明確であるため、さまざまに解釈でき、異なった角度から異なった内容を持ち出すことができる。プロレタリアートにとっては、搾取制度を消滅し、全人類を解放することが目的であり、私有制度を消滅した社会主義の制度こそ人権の実現を可能とするものであって、「必ずしも人権などのスローガンを改めて強調する必要はない」のである。林彪・四人組の専横の経験からして、一部の人は人民の基本的権利の確実な保障、社会主義的民主制の健全かつ十分な実施を切実に求めている。その実際の要求の多くは条理にかない、正当なものである。しかし一部には、「人権」の問題を口実にして、四つの基本原則を否定するものがある。これらのものに対しては断固として暴露し、批判しなければならない。現在われわれは社会主義的民主主義を実行しなければならないが、どのような権利であっても、特定の物質的条件と文化的水準の制約を受けねばならない。これがマルクス主義者の権利問題に関する史的唯物論の観点である。

この論の本旨はまさにプロレタリアートにとっては「人権」という概念をもち出す必要はなく、「人権」をいう場合でも、それは「四つの原則」のもとでの「人権」であって、「人権」に歴史的制約があることを承認せよというものであり、民主化を要求する運動を抑えこむことを目的とする以外の何物でもなく、魏京生裁判の理論的な補強であり、一〇月二二日のカベ新聞が明らかにした魏京生の法廷で行った自己弁論――四つの近代化だけでなく民主化という第五の近代化が必要であり、民主の立場に反対する者こそが反革命だと述べたこと[90]に対する反論であった。そしてまた、その政治的ねらいは、一一月一日から予定されていた肉、野菜、卵など八種類の食料品の三〇～四〇％近い大幅値上げ[91]に反対する民衆の動きを未然に牽制することにもあったといってよいであろう。

魏京生裁判と「人権問題」論文の発表以後、民主的言論活動と民主化運動に対する抑圧は急速に強められて来る。一一月中旬、魏京生裁判における魏の弁論記録を販売していた青年が逮捕され（一一日、一八日[92]）、権利と自由に対する制限の問題が、魏京生裁判擁護論として大々的にキャンペーンされはじめた。このようなかで、一一月二七日に第五期全国人民代表大会の常務委員会第一二回会議が開かれ、「大・中都市の社会秩序維持」に関する討論が行われて、カベ新聞の規制措置が検討されはじめた。この席上、許徳珩副委員長をはじめ多くの委員が「民主のカベを利用して、共産党の指導と社会主義体制そのものを攻撃し、意識的に騒ぎを起こしている者がいる」と発言したことが報じられた。[93]この討論の後、全人代常務委は、

「西単のカベ」の問題は北京市委の措置にゆだねることを決定し、これをうけて、一一月三〇日には北京市革命委員会は、西単の「民主のカベ」は「百害あって一利なし」、「民主に名を借りて社会主義に反対するもの」と断じて、この撤廃を決定し[94]、一二月八日、西単の「民主のカベ」は撤去された[95]。この措置に対して多くの市民・学生が抗議の意志を表明し、「このような民衆抑圧の手段は『四人組』が用いたものだ[96]」と非難した。七八年一一月以後、民衆の重要な言論活動の場であった「民主の壁」は、かくして一年にわたる寿命を終えたのである。この「民主の壁」の運命のなかに、中国における民主主義のあり方——「党の指導」のもとにおける民主主義の実態が典型的にあらわされている。七八年一一月「民主の壁」に多くの民衆の声が提出されたのは、鄧小平のいうように「時には、こういう方法で大衆によって（運動を）促してもらう必要もある[97]」という理由によって、中国共産党指導部内での文革派の意見をたたき抑えこむための政治的手段の一つとして、ある筋によって利用されたものであり、その後も七九年六・七月には汪東興・陳錫聯などの文革派幹部を攻撃する場として利用されて来たものであった。しかし民衆の要求は指導者の思惑に拘束されるものではない。そこで一たび民衆の声が党指導部の思惑を乗り越え、民衆自身の声が反映されはじめると、これを抑え、政治的対抗者を攻撃するのにこの方法を利用する必要がなくなると、これを撤廃する。つまり「党の指導」する民主主義とは、張顕揚・王貴秀論文が批判しているように、党指導部が〝放〟しようと思って〝放〟し、〝収〟しようと思って〝収〟するというものにすぎず、民衆の基本的権利として言論の自由を認めるものではなかった。「民主の壁」の一年はそのことを象徴的にしめしたものであった。

一九八〇年に入ると、一月はじめから、劉少奇復権への動きが高まり、それとともに〝新四人組〟と称される文革派残党に対する〝奪権〟への動きも強められた。一月七日から二五日にかけて開かれた中央規律審査委員会は、劉少奇の名誉回復、汪東興らの処遇、四人組の裁判などの問題を審議し、方針を確定した。[98]この方針に沿って七九年四月の党工作会議で行った汪東興の自己批判発言が公表され(一・一六)[99]、陳錫聯は北京軍区司令官を解任された(一・二二)[100]。これとともに大幅な人事異動が行われ、四川省委第一書記の趙紫陽が鄧小平派の政務の後継者として中央に転出することが予想され[101]、人事異動の波は軍部にも及んだ。[102]このようにして鄧小平派の体制が整備され、強化されたことを背景に、一月一六日、鄧は一万人の高級幹部を前にして、党の今後の活動の戦略目標を明らかにした重要演説を行った。この演説の中で鄧が最も強調している点は「党の指導」という問題であり、「党の指導がなければ、現代中国のすべてはなかった」という観点に立って、「〝四つの原則〟の堅持の核心は、党の指導の堅持だ」と論ずる点にあった。そしてまたこの観点から、かれはいわゆる〝四大民主〟(大鳴・大放・大字報・大弁論)が積極的な作用を生まなかったとして、憲法からの削除を提起したのである。[103]

七九年一一月からはじまった民主化運動への抑圧は、これ以後理論面においては、「制限された民主主義」と「党の指導」の強調の論理として展開されるようになる。八〇年一月二一日の『人民日報』は新華社特約評論員の論文「社会主義的民主の正確な方向を堅持せよ」をかかげて、社会主義的民主主義の方向について次のように論じた。[104]「民主主義はすべて一定の階級に属するもの」であり、また「一定の階級の経済的利益に服務し、一定の経済的基礎に奉仕するものである」。この点からブルジョアジーの民主主義と小ブルジョアジーの民主主義とは異なるものであるとはいえ、「その民主主義観の核心はみな個人主義である」。だからプロレタリアートは民主主義を発揚して、「ブルジョア民主主義の思想に反対しなければならず、力を尽して小ブルジョアジーの思想をプロレタリアートの軌道にのせるようにしなければならない」。わが国の社会主義の経済的基礎は、社会主義的民主主義をさらにすすめて、自らに奉仕することを要求している」。その要求にそうためには、いくつかの原則が必要である。第一の原則は民主主義は社会主義の利益と大多数の人民の利益に奉仕するものであり、第二には民主と集中、自由と規律の統一を堅持することであり、第三には民主主義の形式はその内容に従属しなければならぬことである。以上が新華社特約評論員論文の要旨であるが、この論旨の本質は、社会主義的民主主義が「制限された民主主義」であることを主張するものであって、それは「社会主義的民主主義をよりよくわが国の現代化建設に服務させる」という目的に発するものであった。

さらに、一月二八日の『人民日報』の論文「安定団結と社会主義的民主」(105)は、「社会主義的民主制度を基礎としてのみ、安定団結を発展、強化させ、活発な政治的局面をうみ出すことができる」。この「社会主義的民主主義とは、民主と集中、自由と規律の統一を意味する。なぜならば、民主集中の原則にてらして組織することだけが、自己の権力を行使することを有効ならしめ、自らの国家の建設を可能ならしめるからである」。「社会主義的民主主義を強化することは一つの実践の過程であって、党の指導のもとで、長期の苦難な努力を必要とする」として、社会主義的民主主義の実現にとって、党の指導こそがもっとも必要なものであることを力説した。ここから明らかなように、「党の指導」のもとでの民主主義の目的が、

「自らの国家の建設を可能ならしめる」ところにあり、国家目的の遂行を人民の民主的権利の確立以上に重視するところにあるということである。一月二九日の『工人日報』の論文「〝三不主義〟は〝三無主義〟ではない[106]」も、「四つの基本原則を堅持することの核心は、党の指導を強化することにあり、党の指導がなくてはすべてがなく、四つの近代化の勝利もない」と、「党の指導」の強調が、四つの近代化の勝利という国家目的の実現にあることを強調し、同時に同論文はこの観点から、「党の指導を強化することがあってのみ、民主主義は正確な方向をとることができ、党の指導を離脱したあのいわゆる〝民主〟は、ただ無政府主義かブルジョアジーの自由化であるにすぎない」と論じた。

ここにおいて「四つの基本原則」の核心が「党の指導」の承認にあり、「党の指導」のもとでの〝民主主義〟にあったことが明らかにされた。その〝民主主義〟は、指導者の「恩恵」による〝民主主義〟であって、指導者（党）の容認する範囲内でのみの〝民主主義〟であり、まして指導者（党）への批判を許さぬ〝民主主義〟であることも明らかである。しかしこの〝民主主義〟こそが五七年の反右派闘争を招来したものであり、その結果としての大躍進政策と人民公社の失敗をもたらし、はては文革の一〇年の災厄をもたらしたものであったことは、中国民衆がその政治的体験を通じてもっともよく知っているところであった。だからこそ、人民大衆はこの一〇年の災厄をもたらした「党の指導」の非民主性・反民主性を問題にし、批判しようとしていたのであり、再びこのような災厄をもたらさないための保障として「党の指導」に対する批判、党指導者とその政策に対する批判の自由を要求していたのであった。民主活動家の主張に集約的にしめされている民衆の民主主義実現の要求も、つきつめれば、この「党の指導」に対する批判としての言論の自由と人権の保障に収斂しうるものといってよいであろう。そしてこのような党への批判、「党の指導」への批判の自由の要求に対して、党の提唱する民主主義が「党の指導」の優位性を強調するのみで、党と党指導者への批判、党の政策への批判を許さず、それを抑えこもうとする限り、文革の被害をこうむった民衆の心の奥底には、中国共産党への不信と失望がうっ積していくことは当然であった。一月一三日の『上海文匯報』の論文「いわゆる〝信条の危機〟を評す」が、青年労働者や学生の間に、マルクス・レーニン主義に対する不信と動揺が生まれていること、そして青年層のその懐疑的不信は避けがたいものであると論じていること[107]は、このような事態の端的なあらわれであった。

しかし人民大衆のこのような動向が、一方では中国共産党をして、「党の指導」の強調、「四つの原則」の強調へとかりたてざるをえないというジレンマに陥れているといってよいであろう。二月二三日から開かれた中国共産党五中全会は、劉少奇の名誉回復、〝新四人組〟の解任などとともに、カベ新聞の張り出しなどのいわゆる「四大民主」（大鳴・大放・大字報・大弁論）を憲法から削除することを全人代会議に提案することを決定した。この提案をうけて、八月三〇日から一二日間にわたって開かれた第五期全人代第三回会議は、憲法第四五条の改正を行い、「四大民主」を憲法から削除した。七九年秋からはじまった民主化運動に対する抑圧は、民主主義論議をも停滞させ、公認の論壇からさえも活発な空気を失わせた。それはとりもなおさず、中国共産党と人民大衆との乖離――党による人民大衆の政治的掌握と党の政治的指導権の衰退を意味するものであり、強権による人民大衆の政治的服従を強いる事態を生み出さざるをえなくなっているということができるのである[108]。

五、「党の指導」への人民大衆の抵抗

民主主義論議が、『人民日報』などから姿を消して相当の期間が過ぎた八〇年一一月、『人民日報』は、突如として、二四、二五の両日にわたって、中共中央党学校副校長の馮文彬の長大な論文「社会主義的民主主義の問題について[109]」を掲載した。この論文は、中国共産党がこれまで採ってきた政治体制の「弊害とその根源」について包括的な分析を加えたものであり、その主要な弊害を、「権力の過度な集中、幹部の指導的職務の終身制、家父長制、官僚主義、さまざまな特権現象」に求め、その社会的・歴史的原因と、思想上・制度上の原因にわけて分析を行ったうえで、党の思想上の誤りについて自己批判的な掘り下げを行い、社会主義的民主主義の実現を、主として政治的制度の改革に求めたものであった。この分析に立って同論文は次のような具体的な提案を行った。一、人民代表大会制度の整備、二、権力機関における党・政の分離、三、地方分権制と少数民族地区に対する十分な自治、四、民主的管理制度の発展と企業・事業体の自主的権限の拡大、五、幹部制度の改革、六、法体制の整備、である。この具体的改革案の提示は、すでに各方面で承認され、一部はすでに実施に移されているものであって、特別に目新しいものではなかったが、「党の指導」の堅持を前提としながらも、「党の指導」の概念を、「行政的指導」から、「政治的指導」と「政治思想工作」におくべきであるとする論理にもとづいて、「党・政の分離」、「権限の分散と自主的権限の拡大」という提起となって具体化されたことは、それが現実に実行されるならば、不十分さをもち

ながらも民主的政治体制への一歩前進であることは明らかであった。ここにもられた内容が、中国共産党指導部の「社会主義的民主」についての共通の理解であることは、八一年二月八日の『人民日報』の社説「国家の民主化は安定、団結の条件のもとに逐次実現しなければならない」(110)においても、まったく同じ論理が展開されていることによって明らかである。

しかし馮文彬のこの論文は、民主主義の本質の理解において重大な不十分さをもち、欠陥をもっていることは明らかである。それは「党の指導」を民主主義の前提にしているところにあった。それゆえ、これまでの政治体制の「弊害とその根源」についての分析が、包括的ではあっても、表面的であり、現象面での指摘にとどまって問題の本質に切り込むものとはなりえていないことにあらわれていた。七九年以後の段階においては、社会主義的民主主義の実現の問題の本質は、まさに「四つの原則」と「党の指導」を前提とするものなのか否かにあり、この点をめぐって、党主流派と民主活動家とのせめぎあいがなされていたのであり、党と民衆との関係もそこにあったことはすでに見て来たとおりである。したがってこの論文が提起するように、政治制度の面で一定の民主的制度への改革・前進がしめされたとしても(それはそれで民主化への一定の前進であり、評価されうるものであるにしろ)、民衆が今後再び文革の惨禍が起こらない保障として強く要求している党と党の政策への批判の自由——民衆の政治的意見の自由な表明を、「党の指導」の概念によって抑える限り、その民主化の程度とその実現は、社会の体制として現実化されるものではなく、人民大衆と党との間の矛盾を根本的に解消しうるものでないことは明らかであった。別のいい方をすれば、人民大衆を真に国家の主人公として認め、主体的に国家の管理に参加する主体として認めるのか、それとも人民大衆を「党の指導」の客体としてしかその存在を認めようとしないのかという観点の相違が、民主主義の問題の本質として存在していたのである。そして人民大衆はいまや、「党の指導」の客体として、党に指導され支配されて、主体的に国家の管理に参加しえない事態を拒否する姿勢を、単に理論的にだけでなく実践的にもしめすにいたっていたのである。二月八日の『人民日報』社説が、カベ新聞などの「四大民主」を禁じたことに対して、「極少数の人びとは……請願・交流・宣言の発表、ひいてはストライキや授業放棄の方法などで『民主と自由をかちとる』よう主張している」[111]と述べていることは、この間の事情を物語っている。

事実、八〇年一一月から翌年二月にかけて、各種の報道は中国国内の情勢が「政治的安定」にはほど遠い事態であったことをうらづけている。一月二四日には河南省開封で、数千人の学生が「人権・自由・民主を要求」してデモを行い[112]、八〇年一一月には新疆省で、上海からの下放青年七万人がデモを行い、農墾局の建物を占拠するなど「暴動」に近い抗議行動を展開し、それをうけて一二月には、上海で一万人規模の抗議の真相報告の集会が開かれたことが報じられている。[113]さらに八〇年一二月各地で起こっている労働者のストライキに対処するために、中共中央工作会議が開かれたことが伝えられ[114]、八一年一月三一日の『工人日報』の評論員論文も各地の生産現場で「混乱」が発生し、生産秩序が破壊されていることを認め、それが極端な個人主義によるものであり、個人主義は「四つの近代化実現の大敵だ」と非難している[115]ことによっても「混乱」した状況が生まれていたことは明らかにされている。また武漢では、一部の労働者がポーランド型の自主労組を結成しようとしているとも伝えられた。[116]これらの人民大衆の動きは、一月一五日の『人民日報』社説が、「混乱を望む極少数が、労働組合活動を党の指導から引き離し、はては反対させようとしている。こうした状況のもとで……党の指導を弱め、党の指導から離れ、あるいは党の指導に反対するすべての傾向に対して、説得・教育・批判を加えるか、あるいは力強く闘わなければならない」(117)と述べていることと完全に符合するものであり、人民大衆の「党の指導」という論理に対する不信と反発が根強く存在し、それが鄧小平などの意図とは逆に、政治的不団結、政治的不安定な局面を生み出している主要な要因となっていることは明らかであった。しかも重視すべきことは、八〇年の一一月以後八一年初めに起こっている事態は、七九年初めの民主化運動よりもさらに深刻な矛盾が中国共産党と人民大衆の間に生まれて来ていることをしめすものとなっていることである。七九年初めの民主化運動が、主として、カベ新聞、自主的な出版物という形の言論による批判と、批判の自由の要求であったのにくらべて、この段階での批判がデモ・ストライキ・「暴動」という何らかの実力行動をともなった批判に発展し、しかもそれらの行動が生産現場で闘われるようになって来ていることである。このことは人民大衆が、まだその範囲が一部の局部に限られているとはいえ、その日常的な場である生産と生活の場で、「党の指導」を批判し、拒否する抵抗の姿勢をしめしはじめたことであり、中共の人民大衆に対する政治的掌握が貫徹されなくなりつつあり、その政治的支配が根底において動揺しはじめていることをしめす徴候であったといえる。

中国共産党と人民大衆とのこのような矛盾の増大は、党内の政治情勢にも反映して来ざるをえない。また党と人民大衆との矛盾の増大は、党内における矛盾と対立の反映でもある。一月一三日の上海『文匯報』は、評論員論文「共産党員は無条件に党中央と政治上一致しなければならない」を掲載して、党内に不一致やニセの一致が存在するとして、利己主義者、党と異なる政見を持つもの、面従腹背組などが存在し、一つには三中全会の路線に対して反対する部分、二つには四つの基本原則を否定し、党とは異なる政見をもって、「不法組織、不法刊行物」の発行を支持するもの、三つには風むき次第でどちらにも動く「節操のない連中」がいると指摘している。[118]この指摘のように、文革派の残党が党の地方組織にまだかなりの数で存在していたことは事実であり、これが「民主化」の路線を妨害し、近代化の諸措置を「サボタージュ」していたことは、まぎれもない事実であった。また社会主義的民主主義を「四つの原則」の枠にとらわれない、人民を主体とした民主主義に求める部分も、かなりの程度存在していたことも事実である。これらの党内の「不一致」分子、異分子に対して、党が「全党員、中でも各級指導幹部が、無条件に党中央と政治上一致しなければならない」[119]と警告を発することは、自発的意志にもとづいて結集している党組織としては、至極当然のことであった。しかし、問題はこのような党内の政治上・思想上の一致を求める志向、政治的衝動が、「党の指導」という政治理念のもとに、いつ全国の人民大衆の頭上に、政治上・思想上の一致を求める動きとなって襲って来るかどうかわからないという点にある。その悪夢はすでに一九五七年の反右派闘争において、中国人民は経験ずみであった。「党の指導」のもとでの民主主義に対する不安と不信と懐疑は、まさにこの点にあったのである。そしてまたここにこそ民主主義を要求する運動の頑強さと長期的性格があったのである。

むすび

一九七九年以降の民主化運動に見られる人民大衆の政治的成長は、一九五七年当時のそれとは根本的に異なっている。七八年一一月のカベ新聞による文革と毛沢東への批判が、ある部分で中国共産党の一派閥による使嗾のもとになされたものだとはいえ、その後の運動の展開と党の路線の変更のなかで、民主化運動は人民大衆自身のものとなり、人民大衆自身を国の主人公とする民主主義の理論を形成し、自らの印刷物と、不十分であり限定された範囲ではあっても、独自の組織をもち、その民主主義の理念にもとづいて、党の目ざす「長官の恩恵」による〝民主主義〟に挑戦するようになった。しかもこの運動の主体が青年労働者を中心とする労働者階級の先進部分であることは、この闘争の堅忍性と長期性とを生み出すものとなっている。しかし、それは同時にまだ広範な労働者大衆をひきつけかれらを組織するものとはなりえていず、広大な農民大衆との結びつきももたず、多くの知識人とも分断されているという弱点をかかえている。しかしこの運動を一九五七年の整風運動とくらべて見るとき、そこに多くの根本的に異なった様相があることが明らかである。まず第一に五七年の整風運動――党批判運動は、民主党派と知識人階層のみの運動であり、労農大衆を組織するものとはなりえなかったこと、ここにこの時の運動が中共の反右派闘争への方向転換――〝収〟の段階への移行によって、もろくもくずれ去って行かざるをえなかった主要な要因の一つがあった。五七年の運動の主体の弱さが運動を短期的なものとして終息させたのであり、七九年以後の民主化運動の長期性、堅忍性はこの運動の主体の強さ、範囲の広さをしめすものである。第二に、この運動が五七年の運動とは異なり「党の指導」の範囲をのりこえ、勤労大衆の生活上の切実な利害に密接にかかわって展開されていることであり、それが民衆の参加と同情を獲得し、「党の指導」と対決する姿勢を生み出していることである。この点は、五七年の党批判者が反右派闘争の前で、ただちに「頭をたれて謝罪し」（羅隆基）「人民に投降する」（儲安平）と表明して[120]、党の批判の前に屈伏したのとは異なり、自らの正しさを堂々と主張する根拠となっている。魏京生がその思想裁判の法廷において、「民主化に反対する人……こそが反革命である」[121]と反論し、懲役一五年の刑に服したことはそのちがいを象徴的にしめすものである。第三にこの運動の頑強さは、民主主義は主権が人民大衆に存在するというその理論・思想の正しさに対する確信に支えられ、その理論・思想を党の民主主義論に対置するということから、真の民主主義についての考察（それは同時に社会主義についての理論的考察でもある）において、深い理論的前進をしめしたことである。それは民主活動家の王希哲の理論活動にもっとも典型的にしめされている[122]。王希哲の理論活動が明らかにしているものは社会主義が人間解放の一過程であると把えることに集約され、「党の指導」という人民大衆の民主主義的自由に対する制限と制約の論理に典型的に見られる中国共産党の公式見解の後進性を浮きぼりにするものとなっていることである。

では、中国共産党の「党の指導」のもとでの民主主義という公式見解の理論的論拠は何であろうか。その第一は、現実の中国社会主義が経済的・文化的に後進性を有するが故に民主主義、人民の民主的権利も、その制約を受けざるをえないという論拠である。たしかに人民の権利も社会の経済的、文化的諸条件の制約の枠を超えることはできない。しかしこの点から「民主主義が手段であって、目的ではない」という見地からその制約の枠をとらえるか、人民が経済的・文化的な制約の枠を一歩一歩拡大し、享受すべき民主主義的権利をひろげていくのが社会主義の本質ととらえるかは、まったく異なった結果を生み出す。中共の公式見解は前者の立場に立つものである。第二の論拠はプロレタリアートの（階級の）政治的支配を絶対視し、プロレタリアートの（支配する）国家を絶対化し、社会を国家に従属させるという思想である。ここから「国家の繁栄」「国の近代化」が絶対的に最優先され（国家崇拝）、個人の権利の拡充は後景に押しやられ、ここから「党の指導」の優位性が前面に登場して来ることとなる。この点を「国家主義的社会主義」と表現する論者もいる。[123] そしてこのような国家主義的社会主義の思想はスターリン理論にその論拠を求められうるものなのである。中国共産党へのスターリン主義の影響は、単に毛沢東の思想に見られるだけではなく、毛沢東死後における中共党指導部（鄧小平などの反文革派をも含めて）全体に根強く存在しているのである。

民主活動家といわれる人びとの理論活動が、中国共産党のこのような理論にまっこうから対立し、対決するものであって、人民の民主的権利の実現にむけて戦われているものであることはいうまでもない。このような理論が、現在ではまだ萌芽的なものであっても、今後の中国社会主義の前進の過程で、人民大衆の心をとらえ、広範な支持を獲得していくことは歴史の必然として予測することができる。現在の人民大衆の自然発生的な大衆運動は、やがてその理論的根拠をこれらの理論に求めるようになるであろう。なぜならば、民主活動家の理論がマルクスの思想——人間解放の思想をより正確に反映しているからである。民主化運動の持つこのような性格からして、この運動は、王希哲の再逮捕[124]という事態がしめすような弾圧によって、一時的な後退と逼塞におとし入れられようとも、長期的には必ずや中国社会主義の主要な潮流となりうるであろう。そのためには、中国の人民大衆の政治的成長と、それを促すに足るだけの経済的・文化的進歩が必要とされることはいうまでもない。

注

（1）特約評論員「大有希望的八十年代」『人民日報』一九八〇・二・五。この「特約評論員」論文の性格について、斉辛は次のように述べている。「『社説』と『本紙評論員論文』は党中央が一致して同意した意見」であるのに対して、「『本紙特約評論員』の論文は少し異なり、権威は持つものの、必ずしも代表性は有していない。すなわち、それは党中央の一致して同意した意見ではなく、中共上層部のある指導者の声であってもよいのである。」（斉辛「激論、中国党会議の舞台裏」『七十年代』一九七九年二月号、邦訳『朝日ジャーナル』一九七九・三・二、三・九）。

（2）「風派の人物系譜の分析」『解放軍報』一九七八・一・四（『人民日報』一九七八・一・六に転載）。

（3）『光明日報』のこの論文が出されて来るにいたった過程と、その背景については斉辛前掲論文参照（『朝日ジャーナル』一九七九・三・九）。

（4）鄧小平派と華国鋒派の闘争については、那須賢一『中国の選択』（大月書店　一九八一年）第一章参照。

（5）夏征農「没有民主、没有社会主義」『復旦学報』一九七八年第一期。

（6）毛沢東「指導方法にかんする幾つかの問題」邦訳『毛沢東選集』第五巻（三一書房版）参照。

（7）黎澍「消滅封建残余影響是中国現代化的重要条件」『歴史研究』一九七九年第一期。

（8）鍾峰「認真落実自留地政策」『光明日報』一九七八・九・一。

（9）任仲夷「理論上根本的撥乱反正」　同　一九七八・九・二九。

（10）斉辛前掲論文参照。

（11）企業長を労働者の選挙によって選出するという方針は、一九七八年一〇月、中国労働組合全国代表大会の席上、鄧小平によって提起された（鄧小平「在中国工会第九次全国代表大会上時致詞」『人民日報』一九七八・一〇・一二）。なお企業長の選出の実態については『読賣新聞』一九八一・九・四（「中国の経済革命」二四）にそのいくつかの例が報告されている。それによると、八一年二月の段階で、職工代表大会を設けたのは三万六千で、全企業の一割程度であり、この制度もまだ十分に労働者の意識の高まりによって支えられているとはいえない面のあることがうかがえる。

(12) カベ新聞の詳細については、稲子恒夫「毛沢東の旗と民主・法制」（『中国研究』一〇四号）、「文革批判の軌跡」（『世界』一九七九年三月号）参照。

(13) 一一月二七日のカベ新聞「毛沢東主席への質問」（「文革批判の軌跡」『世界』一九七九年三月号一六七頁）。

(14) 稲子前掲論文。

(15) 「三中全会コミュニケ」『北京周報』一九七八年五二号。三中全会の評価について、読賣新聞記者の戸張東夫氏は、上原一慶氏との対談の中で、一九七八年初めごろからすすめて来た華国鋒＝鄧小平政権の近代化路線の行き過ぎが明らかになったために、「この三中全会以後の動きは、現象的には民主化も毛沢東批判もあとを引いていますけれども、全体的には、民主化はすべて押えられる方向に行ってしまう。〝北京の春〟という言葉をかりに使えば、やはり、一九七八年の十二月で、〝北京の春〟は終った、とみるわけです」（「〝北京の春〟はすぎて」『中国研究』一九七九年六月）と述べて、三中全会以後の引き締め（〝放〟から〝収〟へ）の側面を重く見ている。三中全会において、「すべて派」が決定的ではないにしても、排除され、鄧小平派（＝実践派）の勝利が確定し、新しい路線が確定したことは、党と政権の一応の安定が実現したことを意味し、それゆえ鄧小平派が民衆の文革批判、毛沢東批判の運動を必要としなくなり、それを抑える方向に転換したことは事実であろう。しかし民衆の民主主義を要求する運動は、まさにこの決定をテコとして発展してゆく趨勢をしめし、それゆえ、民衆の要求・運動と鄧小平派（＝党）との対立の局面も出て来るのである。このように三中全会については二つの側面から評価することが必要であると思われる。

(16) 稲子前掲論文。

(17) 「中国人権宣言」は『世界』一九七九年三月号および『世界』一九八〇年六月号。

(18) 『赤旗』一九七九・一・八。

(19) 女性の民主活動家傅月華はそのような活動家の一人である。彼女はその活動によって一月一八日当局によって逮捕されたことが、一月二四日のカベ新聞によって明らかにされた(『赤旗』一・二六)。その逮捕理由はまったく不明確であることが、その後の民主活動家の追求によって明らかにされた(中国人権同盟『天景』法律研究班「傅月華事件について、公安局・検察・司法等の関係諸部門に送る公開の手紙」、「傅月華事件調査記録」〈『探索』三月号〉『中国民主活動家の証言』〈日中出版一九八〇年〉所収)。

(20) 民主活動家の出版物は、台湾で入手して印刷された『大陸地下刊物彙編』第一巻によっても三〇種の多くを数えている。

(21) 『朝日』一九七九・一・二六。

(22) 注(19)参照。

(23) 『赤旗』一九七九・一・三一。

(24) 同 一九七九・二・八。

(25) 同 二・九。

(26) この段階では、中共はまだ文革の路線を「極左路線」とは規定せず、「形は左で実は右の路線」というバカ気た規定をしていた。文革の路線(林彪と四人組の路線)が、「〝右〟ではなくて〝極左〟であり、左翼日和見主義である」と定義づけられたのは、二月一二日の『人民日報』の論文「関于林彪・〝四人帮〟路線的性質和特点問題」(呉江)において、はじめてなされたのである。また大躍進の経済政策の誤りが明確に指摘されたのは、三月八日の『人民日報』に掲載された陸定一の論文「懐念人民的好総理——周恩来同志」においてであり、大躍進と文革によって経済が大幅に悪化したことを正当に評価したのは、三月一六日の『人民日報』の論文「按比例才有真正的高速度」（李成瑞・張卓元）である。この時期、中共の理論活動は、たえずカベ新聞の後塵を拝す状況をしめしている。カベ新聞は文革批判、毛理論批判の先兵の役割をはたさせられていたというべきか。

(27) 社論「挙国上下同志同徳搞四化」『人民日報』一九七九・二・九。

(28) 評論員「堅持維护正常的社会秩序・生産秩序・工作秩序」同二・一二。

(29) 『赤旗』一九七九・二・一四。

(30) 『朝日』一九七九・二・二四。

(31) このカベ新聞は、「さきごろまでカンボジアを支配してきた男はたくさんの悪事を犯した。彼は都市をを空っぽにし、通貨を廃止した。人権は存在しなかった」。「中国人民はこの独裁政府を支持してはならない。カンボジア人民はみずからをポル・ポトの下から解放しなければならない」と述べていたと伝えられる（『赤旗』一九七九・三・四）。

(32) 『赤旗』三・五。

(33) 同　三・二三。

(34) 「上海人民擁護市公安局《通告》」『人民日報』一九七九・三・一六。

(35) 『朝日』一九七九・四・三。

(36) 『赤旗』一九七九・三・二九。

(37) 「認真学習堅決執行《逮捕拘留条例》」『人民日報』一九七九・三・二八。

(38) 『赤旗』一九七九・三・二七。このパンフというのは三月二五日に出された『探索』号外であろう。これには魏京生「民主主義かそれとも新たな独裁か」が掲載されている（『中国民主活動家の証言』日中出版所収）。

(39) 『北京周報』一九七九年第一五号。

(40) 『朝日』一九七九・四・一三。

(41) 『赤旗』一九七九・四・二。

(42) 同　四・六。

(43) 同　四・九。

(44) その一例として二月六日の「李一哲」の名誉回復と釈放があげられる（『北京周報』一九七

九年第九号)。
(45)『赤旗』一九七九・四・二八。
(46)「民主主義と国家建設について」『民主と時代』第一号(一九七九年五月)『中国民主活動家の証言』所収。
(47)王希哲「『李一哲の大字報』続編」『中国研究』一〇七号(一九七九年一二月)。
(48)那須賢一『中国の選択』二一頁。
(49)三中全会の開会中に出された『人民日報』の評論員論文「人民万歳」(一九七八・一二・二一)は、「党の統一指導、民主集中制の必要性」を強調しながらも、人民大衆は「民主的権利をかちとるために自覚的・積極的に闘争をすすめている」し、「天安門広場の革命的大衆の運動がしめした人民の意志・願望と力とは、各方面に貴重な経験を提供するものである」と述べて、四・五運動における人民大衆の自発的な行動を高く評価することに力点をおいていた。この論文と四月五日の社説とを比較するならば、そこにこの三か月の間の中国と中国共産党内の情勢の変化がどのようなものであったかが明らかとなるであろう。
(50)周揚「三回にわたる偉大な思想解放運動」『北京周報』一九七九年第二一号。
(51)この分離方針の存在を王希哲は次のように述べている。「私のこの集会〔四月一日広東の大学生の雑誌『未来』社が主催して開いた民主的討論集会〕での発言は、当然、党の『三不政策』の保護を受けてしかるべきものです。事実、こんにちの多くの討論集会では、たとえば、中国社会科学院の『五・四』六十周年記念討論集会での多くの発言は、私のそれよりいっそう激しかったにもかかわらず、誰一人として彼らをたたくものはおりません。ですが、私がたたかれなくてはならないのは、私たちには、どうしても『反動』の嫌疑がかけられているからです。私が発言した翌日の四月二日に、習仲勛(広東省第一書記)同志は省委員会で名指しで私を批判し、私の発言は『扇動的』であり、『反動的でさえある』というのです。」ここに中共の民主活動家と知識人層に対する「分離政策」をはっきりと見てとることができる（王希哲「『人民の声』記者への談話」『七十年代』一九七九年九月号、『中国研究』一九七九年一二月号に邦訳）。
(52) 同右。
(53) 『人民日報』一九七九・六・一九。
(54) 張顕揚・王貴秀「無産階級民主和資産階級民主」同 一九七九・六・九。
(55) 張顕揚・王貴秀「言論自由」『読書』一九七九年第九期。
(56) 王福如「四個現代化和社会主義民主」『紅旗』一九七九年第四期。
(57) 徐炳「論『人民』与『公民権』」『光明日報』一九七九・六・一九。
(58) 『赤旗』一九七九・八・二。
(59) 「端正思想路線是個根本建設」『人民日報』一九七九・八・四。
(60) 『朝日』一九七九・九・一二（夕刊）。
(61) 同 一九七九・六・三〇。
(62) 『赤旗』一九七九・七・二。
(63) 社論「偉大的斗争任務召喚着我們」『人民日報』一九七九・六・三〇。
(64) 廖蓋隆「民主選挙是最重要的一件事」同 一九七九・七・一三。
(65) 『北京周報』一九七九年第二七号。
(66) 「熱愛人民、熱愛同志」『人民日報』一九七九・八・一。
(67) 『朝日』一九七九・八・三。
(68) 「対『合二而一』的批判是一場政治冤案」『人民日報』一九七九・八・二二。
(69) 陣克寒「対于階級関係的估計要有正確態度」同 八・二八。
(70) 岳平「当前党史数学中的幾個問題」同 八・一〇。
(71) 特約評論員「〝有権就有一切〟是反革命的理論」同 九・二一。
(72) 「端正思想路線解決落実経済政策中的問題」同 一〇・三。

(73)「厳粛処理進行翻案活動的帮派分子」同　九・四。
(74)『朝日』一九七九・九・一四。
(75)同　右。
(76)同　右。
(77)『朝日』一九七九・九・一九。
(78)同　九・一〇。
(79)同　九・二七（夕刊）。
(80)「中共第一一期四中全会コミュニケ」『北京周報』一九七九年　第四〇号。
(81)葉演説全文は同右。
(82)『朝日』一九七九・一〇・二。
(83)『赤旗』一九七九・一〇・三。
(84)『朝日』一九七九・一〇・九。『赤旗』一九七九・一〇・一六。
(85)『朝日』一九七九・一〇・一一（夕刊）、同一〇・一五、『赤旗』一〇・一二、一〇・一三。
(86)李洪林「我們堅持什么様的党的指導」『人民日報』一九七九・一〇・五。
(87)『朝日』一九七九・一〇・二五。
(88)那須賢一　前掲書　三五〜三六頁。
(89)評論員「関于人権問題」『光明日報』一九七九・一〇・二六。
(90)魏京生の「反対弁論」全文は『中国民主活動家の証言』（日中出版）に所収。
(91)『朝日』一九七九・一一・二。
(92)同　一一・二〇。
(93)「採取措施整頓大中城市社会秩序」『人民日報』一九七九・一一・二八。
(94)「通過建国以来法律法令効力的決議」『人民日報』一九七九・一一・三〇、『朝日』一九七九・一二・二。
(95)『朝日』一二・七。
(96)『赤旗』一九七九・一二・五、なお「民主の壁」については『赤旗』一二・一三の記事を参照。
(97)『毎日』一九七八・一一・二七。
(98)「抓党風党紀保証党的路線貫徹執行」『人民日報』一九八〇・一・二八。
(99)『朝日』一九八〇・一・一七、香港『展望』誌一九八〇・一・一六。

(100)『赤旗』一九八〇・一・二四。

(101)同　一・二八。

(102)『朝日』一九八〇・二・七。

(103)同　一・一九、二・四。なお鄧小平演説の全文は『朝日ジャーナル』一九八〇・四・一一号、四・一八号に収録。

(104)新華社特約評論員「堅持社会主義民主的正確方向」『人民日報』一九八〇・一・二一。この評論員論文に対して、王希哲は「民主主義の方向」(『七十年代』一九八〇年五期)において、マルクスの疎外論を論拠として、根本的な反論を加えた。(邦訳『中国研究』一一五号所収)。

(105)盧之超「安定団結和社会主義民主」『人民日報』一九八〇・一・二八。

(106)楊春貴「〝三不主義〟不是〝三無主義〟」『工人日報』一九八〇・一・二九。

(107)『朝日』一九八〇・一・一五。

(108)渡辺俊彦氏は農村においても、都市においても、「中国社会主義を支える基層で重大な問題が起こっている」。その結果、「従来、党の指導性と政治的安定を保障してきた党機構の末端が弱体化し、従来のように党による全国民衆一人一人の政治的掌握が不可能になってくる」と、現時点での中国の事態を分析している(渡辺俊彦「中国民主化運動の底流と逆流」『中国研究』一二二号〈一九八一年四月号〉)。

(109)馬文彬「関於社会主義民主問題」『人民日報』一九八〇・一一・二四〜二五。

(110)社論「国家的民主化改革必須安定団結的条件下逐歩実現」同　一九八一・二・八。

(111)同　右。

(112)『赤旗』一九八一・一・二五。

(113)『朝日』一九八一・二・三、『赤旗』二・五。

(114)『朝日』一九八一・一・二八。

(115)「反対極端個人主義」『工人日報』一九八一・一・三一。

(116)『赤旗』一九八一・一・三〇。

(117)社論「大力加強工会工作」『人民日報』一九八

一・一・一五。
(118)『朝日』一九八一・二・一七。
(119)同　右。
(120)反右派闘争の中で開かれた第一期全国人民代表大会第四回会議での羅隆基、儲安平の発言（拙著『中国革命の知識人』二七一頁参照）。
(121)「魏京生事件裁判記録」『中国民主活動家の証言』（日中出版　一九八〇年）七〇頁。
(122)王希哲は一九七九年二月釈放され、自由の身となってから、社会主義的民主主義についてのいくつかの理論的成果を発表している。「プロレタリア階級の階級独裁のために」（香港『七十年代』誌一九七九年九期、邦訳『中国研究』一九七九年一二月号）、「民主主義の方向」（『七十年代』一九八〇年五期、邦訳『中国研究』一九八〇年八月号）、「毛沢東と文化大革命」（『七十年代』一九八一年二期、邦訳『中国研究』一九八一年五月、六月号）。これらの論文はいずれも、かれの民主主義理論をマルクスとエンゲルスの原理論から導き出して、中国共産党の公式の民主主義論に見られるスターリン主義的歪曲に対するきびしい批判として展開されている。
(123)平田清明『市民社会と社会主義』（岩波書店一九六九年）三三六～三三九頁。平田氏は国家主義的社会主義について次のように規定している。「国家的所有をもって社会主義的所有なるものの第一概念とする社会主義とは、国家社会主義である。（ここに国家社会主義とは国家主義的社会主義の短縮名である）。これは、スターリン憲法が、期せずして、おのれの範疇をもって明示した自己規定である。……この国家社会主義は、地主的資本家的私的所有を絶滅させているという一点において、社会主義の本質的一前提を獲得している。それはたしかに資本主義ではない。……／この国家社会主義は、それに固有な対内的国家主義を、帝国主義の包囲と戦争の外圧のもとで、対外的ナショナリズムとして、みずから実現させる。それは、プロレタリア・インターナショナリズムを〝革命の祖国〟ロシアの擁護に卑小化する。／それは社会主義であって、資本主義ではない。しかしそれは、西ヨーロッパでは資本主義が遂行したことを、資本主義でない形式で代行したものである。旧ロシア資本主義が本格的には果たしえなかった本源的蓄積と産業革命とを、同時的に、しかも帝国主義的外圧のもとで、遂行した。国家社会主義は、この遂行過程の主要形式であり、またこの形式の構造化にほかならなかった。この過程を媒介した『社会主義的』権力の暴力性は、旧所有者・旧支配階級を打倒しただけでなく、勤労人民のうえに恐るべき否定的影響をもたらした。個体の抑圧という点では、それはたしかに、資本主義的疎外に勝るとも劣らぬほどの疎外状況を生みだした。……この『社会主義的』な本源的蓄積と本来的蓄積の過程は、世界史の総体的な高みからみれば、少なくとも、たんに歴史逆行的なものではない。……西ヨーロッパ……が、長い苦しみの歴史を通じて獲得した工業化しかも機械制協業化を、危険な国際環境のもとで短時日に、実現し、資本主義世界の一角に、容易には打倒されぬ社会主義工業国家をつくり出した。この意味においてそれは進歩のための一拠点の創造ではある。それは、爾後の社会主義世界建設の一物質的基礎を形成するものであり、ロシア内部に近代的合理性と個体開花のための一物質的基礎を用意するものとして、肯定的に評価される権利をみずから保持している。」少々長く引用したのは、ここで述べられているロシア社会主義についての論及は、まさにそのまま中国社会主義にもあてはまりうると思われるからである。ここに後進国社会主義の特徴があり、それが中共の理論とスターリン主義との共通性をもたらす一つの要因となっていると思われるからである。

(124)　ロイター電(一九八一・五・一三)は、王希哲は四月に徐文立・楊青らとともに逮捕されたことを中国人消息筋が明らかにしたと報道した(『中国研究』一九八一年九月号「中国内外日誌」による)。

(一九八一・三・二六初稿、一九八二・三・九改稿)

第二部　中国社会主義の特徴

第五章　中国の民主主義と「多党制」の問題

はじめに

昨年（一九八九）来、中国ならびに東欧の社会主義諸国で起こった民主化運動の基本は、人民大衆の正当な権利の抑圧に対する反対であり、その権利の抑圧を可能ならしめている〝党の指導〟という〝共産党〟（名称は国によってさまざまであるが）の一党支配を否定するところにあった。その結果として、人民大衆の政治的意志を自由に表現することを可能とする複数政党制の導入と、それら複数の政党が自由に自己の政治的意志を表明し、国民大衆を組織する自由とが、承認され、実現したのである。

昨年春の中国の民主化運動においても、当初の「腐敗の根絶」「言論・出版・報道の自由」、「異なった思想の発表の自由」（二・二六、科学者の公開書簡）などを要求していた段階から、四月二〇日以後の「首都大学学生自治連合会」、「労働者自治連合会」などの民衆の自主的組織の結成と、政府との対等な立場の要求への発展は、明らかに〝党の指導〟の拒否であり、中国共産党の一党支配に対する異議申し立てであった。労働者、学生、都市人民のこの要求を武力で鎮圧した六月四日の天安門事件は、〝党の指導〟という中国共産党の一党支配をあくまでも守りぬこうとする中国共産党の固い意志の表明であった。中国共産党の一党支配、専制的支配に反対する民主運動の指導者たちは、六月四日の天安門の血の弾圧以後、国外に逃れて、九月下旬にはパリで、民主化闘争推進の組織である「中国民主連合」を結成した（『朝日』九月二三日付)。この中心となったのは社会科学院政治研究所所長の厳家其、学生運動指導者のウアルカイシ、ジャーナリストの劉賓雁らであるが、一九四九年中華人民共和国成立後、中国共産党に対立し、その支配を批判し拒否しようとする政治結社が世界的規模で組織されたのははじめてのことである。

中国共産党が〝党の指導〟という原則の否定をもっとも恐れていることは、七八～七九年の民主運動を抑えこむ原理として用いられた「四つの原則」の堅持のうち、もっともカナメをなすものが「党の指導」であるとしたことによって広く知られている。この原理が依然として中国共産党によって堅持されていることは、東欧の事態が急速に進み始めた昨年一一月二九日、李鵬の日本国際貿易促進会訪中団への言明、「中国を治められるのは共産党だけだ」という言葉にもしめされているが（『朝日』一一月三〇日付夕刊)、一二月、ルーマニアの人民がチャウシェスク独裁を打倒した後〝党の指導〟の否定、複数政党への動きが全東欧をおおう事態となるに及んで、一二月三〇日、「中国共産党指導下の多党協力と政治協商制度の堅持、改善に関する中共中央の見解」を決定し、九〇年に入ってこの動きがソ連からモンゴルにまで及んで来た二月、この「見解」を公表して（『人民日報』二月八日)、中国共産党の〝党の指導〟の堅持の姿勢をさらに明確にしたことによって明らかにされた。

同「見解」の主要な論点は、「中国共産党の指導による多党協力と政治協商制度」が、中国の基本的な政治制度であり、「共産党の指導による、多党協力を行うという政党体制」が、「わが国の政治制度の特徴であり長所である」というものであり、中国においては「多党」制はすでに実現していること、それが「中国共産党の指導」と矛盾するものでないことを主張するものである。それを合理化するために、「民主諸党派は……愛国者の政治同盟であり、中国共産党の指導を受け入れ、中共と力を合せて協力し」と、これら民主党派がよろこんで、自発的に中共の指導を受け入れていると主張し、中共の指導も「政治的な指導である」といい、「政治的原則、政治的方向、重大な方針・政策に関する指導」であると主張しているのである。しかし「中共の指導」が決して「政治的指導」に限られるものでないことは、同じ文書のなかで次のように述べられていることからも明らかである。「中共は民主諸党派が独立自主的に自己の内部事務を処理するのを支持し、活動条件を改善するのを援助し」と、民主党派内の組織問題にも介入し、「指導する」ことを明らかにしているのである。またその「政治的指導」についても、民主党派の自主性と独立性を脅かすものであることは論をまたない。同「見解」が「民主諸党派の新聞・雑誌は四つの基本原則を堅持し、……独自の特色を持つべきである」という時、この「政治的指導」が民主党派の自由な政治的見解、自主的で独自の見解の発表を、すでに禁じた状態においていることは明らかであろう。民主党派の政治的自由ということは「中国共産党の指導」を拒否する自由をも認めることによって実現しうるし、それはまた民主党派の組織的独立によって保障されるものであるという五六年の「百花斉放」の時期に主張された論点(1)さえ、この「見解」にはない。

この「見解」のしめすものは、形だけの「多党制」であり、中共の一党支配の堅持の意志の別の形での表明である。しかも民主党派の責任者たちはこぞって、この「見解」のいう「中国共産党指導下の多党協力」の堅持・改善を支持することを言明している（『北京周報』一九九〇年二月二七日）。ここに中共と民主党派の関係があり、〝中共の指導〟＝一党支配の実態がある。この点にこそ、人民大衆の要望を担った新たな党派、新たな組織が生まれて来ざるをえない必然性があるのである。

しかし、歴史的に見るならば、現在ある民主党派は、それが生まれた時から、中共の支配下におかれていたわけでもなく、従属していたわけでもなかった。それが実現したのは革命の最終段階においてであった。民主党派が中共に支配され、従属していく過程にこそ、中国の民主主義の実態があり、中国革命の性質があったといえよう。以下にその点を見ていこう。

一、救亡のための民主主義

一九一六年からはじまる新文化運動が、西欧近代の啓蒙思想――理性の尊重・自由・進歩・デモクラシーの理念をうけ入れたことは、儒教道徳による封建的束縛から中国人民を解放し、近代的思想、制度をうちたてることを目的にしているものではあったが、その根底には近代的な国家の樹立によって、国家存亡の危機に対処し、独立、富強の中国をうちたてようとの思想が存在していたことは明らかであった。したがって、一九一七年のロシア革命が皇帝専制政治を打倒し、後進国ロシアの近代化への道をきり開き、諸民族平等の原則をうち出すと、新文化運動の推進者たちが、そこに救国の道、植民地からの脱却の道を見いだしていったのは当然であり、一九年のパリ講和会議が中国の民族的要求であるドイツの山東半島の利権を日本に譲渡することを決定したことに反対し、「利権回収」を要求して、大規模な大衆運動（五・四運動）を展開したのは、当然であった。五・四運動が基本的に民族運動であったことは、二〇年代に反共国家主義者として活動していた聞一多などでさえ、のちに五・四の思想的影響が「愛国と民主であり、中国人がどのようにして団結して救国すべきかを知った(2)」ことにあると述べていることからも明らかである。

五・四運動において明瞭に、大衆的に意識された救国の方途をマルクス・レーニン主義に求める部分と、西欧近代の個人主義思想に求める部分との思想的・政治的葛藤は二〇年代を通じてくりひろげられることになるが、西欧民主主義・自由主義をその政治理念としていた孫文においてすら、西欧民主主義の原理である個人的自由は第二義的なものととらえ、「中国における自由は個人の自由ではなく、国家の自由」が第一であると述べて、民族の自由・独立――救国をこそ第一義的な課題として位置づけていたのである。(3)『三民主義』が、民族・民権・民生と民族主義を第一に掲げているのも故なしとしない。

中国のおかれた植民地的で封建的であるという事情は、民主主義の理解についても、ブルジョア民主主義が真の自由・平等を実現するものではなく、民意といっても階級的・党派的な意志があるだけだという階級的な観点から民主主義をとらえる論が、早くも一九二〇年に陳独秀に見られるが、(4)広範な知識人層にこのような変化が見られるようになるのは、二〇年代末、日本帝国主義の侵略が激化し、民族的危機が深まって来る時期からである。二〇年代には職業教育社と深い関係を持ち、ブルジョア改良主義の立場に立っていた鄒韜奮が、一九三〇年～三一年の時期、日本帝国主義の東北侵略の危機の増大に直面して、民族の危機に対処する妨げとなる国民党の腐敗と専制的支配に対して批判的態度を持つにいたり、マルクス主義に接近していった過程については、石島紀之氏のすぐれた研究によって明らかにされている。[5] 中間派の良心的知識人のこのような思想的変化は「満州事変」以後、急速に、広範にすすんでいった。これらの知識人にとって、民主主義の問題は民族的危機との関連で、民族の危機をいかに打開するかの方法としてとらえられるようになる。

九・一八事変直後、一〇月二七日に出された上海の大学教授二〇〇人の連名による「声明」は、「全国の賢能を集中して、国防政府を組織する」ことと、「人民の権利を尊重し、人民を国家の主人公にする」ことが、「救亡禦侮におもむく」目的のために絶対に必要な条件であると提起していた。[6] また一九三二年の民権保障同盟の成立大会宣言も、「民族の存亡と前途は、完全に民衆自身の手に握られており、その最も簡単な方法は思想・言論・行動の自由を獲得することにある」[7] と、人民の民主主義的自由が民族の存亡の基本的条件であるととらえていたのである。民権（人民の基本的権利）の保障を実現することを目的にした団体である民権保障同盟の真意もまた、民族の存亡にこそ第一義的な目的があるとし、民主主義の実現はその目的実現のための手段として位置づけられていたのである。

この傾向は、三五年一二・九運動の勃発による救国運動の高まりのなかで、より一層明瞭となる。同年一二月二七日に出された「上海文化界救国会第二次宣言」は、民衆の組織を自由にせよ、愛国運動を擁護せよ、すべての政治犯を釈放しともに国難に赴こう、などの民主主義的課題を、救国運動の重要な内容として提起したが、[8] そこにも、民衆の意志表明の自由、行動の自由がなくては、救国活動――民族の救出も不可能であるとの思想が存在していた。この時期の救国運動は、内戦の停止と民主的政治制度の確立を抗日戦実現のための最大の条件として要求していたのである。

以上のように、中間派の愛国的知識人たちにとっては、民主主義的課題の実現は民族的課題の実現と固く結びつき、その条件ともなっていたのである。したがって、その民主主義的自由の内容は、個人主義的な自由や個人の権利として理解されているのではなく、政治権力に対する人民大衆の組織の自由であり、行動の自由であり、権利であったといえるであろう。

この思想は抗日戦争の開始後、抗戦実現のための「民衆動員」の必要から、いっそう強く意識され、要求されるようになる。抗戦開始直後に華北の戦場に赴いた李公樸は、そこでの戦闘の敗北の状況を見て、抗戦勝利のためには民衆の自覚的な抗戦への参加が必要だと認識し、そのためには「民衆運動の自由」、「報道管制の撤廃」などの言論の自由がぜひとも必要であると説いたのであった。(9)

二、抗戦期の中国共産党の「民主主義」

中国共産党にあっても、抗日戦の実現のために、国民党との統一戦線の実現を意図する段階で、ブルジョア民主主義的政治制度の承認へむかったことはよく知られた事実である。三五年一二月の瓦窰堡会議による「労農ソヴェト共和国」から「人民共和国」への変更、さらに三六年八月の「国民党への書簡」と九月の「民主共和国についての決議」に至る一連の過程は、中国共産党が抗日戦争の実現の必要から、ブルジョア民主主義的政治制度を承認してゆく過程であった。「国民党への書簡」は述べている。「われわれは全中国を統一した民主共和国の樹立に賛成し、普通選挙権によって選出された国会の召集に賛成し」、「全国的な統一国防政府を支持する」と。そして「赤色区域」もその民主共和国の「一構成部分となる」と。(10)この言明は、のちに〝赤色区域〟を「辺区」として、中華民国の一地方として自らを位置づけることとなったのである。この辺区における政治制度が、国民党支配地区での政治制度にくらべて著しく民主的なものであったことは、周知の事実である。ここでの基調が「徹底した民主政治の貫徹」であり、「人民に依拠し、人民のために奉仕するもの」であったこと、それを保障するための参議会の制度、選挙民の文化程度に応じたさまざまな手段による選挙制度の実施に努力したことはひろく認められている（文盲の農民に対して、字を教えること、線香によって候補者の名の上に穴をあけること、黒豆を投ずることなど、さまざまな選挙の方法が考えられ、実行されている(11)）。

三八年一〇月から一年二か月にわたって陝甘寧辺区と晋察冀辺区で生活した李公樸によっても、この辺区政権が「民主政治の徹底した実施、行政機構の改革」などによって、「抗日民主と抗日民族統一戦線の模範」であり、新中国の「前途を象徴する」、「新中国の雛型をなしている」と、抗戦勝利後の新しい中国の模範となりうるものと評価されていたのである。またこの政権は、民衆自身に支えられて、下から上へと組織されているものであり、「民衆が何千年にもわたって〔持って来た〕伝統的な〝お上〟の観念を取り消した」政権であり、民衆と一体化した政府であるとも評価されている。(12)

この政権が民衆（農民）に支持されるためには、その「生活の改善」がなされねばならず、そのために実施されたのが「減租減息」政策であり、それが農民の経済的利益を守り、生活を向上させるとともに、封建的束縛からも解放する役割を果たしたのである。その点で、辺区政権は反封建の民主的性格を持った政権であり、国民党支配地区には見ることのできない民主主義的制度の上に立脚する政権であったといえる。

しかし、同時に、この政権は日本帝国主義の武力侵攻と日夜闘っている戦時の政権であり、非常時期の政権であり、軍隊がすべてに優先する軍事政権であることは否定しえない事実であった。また地方的性格をもった政権でもあった。ここから、この政権の民主主義的性格についても、一定の限界が存在していたことは明らかである。

抗戦中の「辺区の民主政治を特徴づける」とされる「三・三制」についても、これを無条件に民主的な処置として評価することはできない。政権内の配分で中共党員と党外の進歩分子と中間派がそれぞれ三分の一ずつを占めるというこの制度の提起の目的を、毛沢東は次のように述べている。党外の進歩分子が三分の一を占めるようにする目的は、「小ブルジョアジーの獲得にとって、きわめて大きな影響をもつであろう」ことにあり、「中間派に三分の一の椅子を与える目的は、中位のブルジョアジーや進歩的紳士を獲得するにある」というものであった。そこにある思想は、小ブルジョアジーやブルジョアジーさらには進歩的紳士を抗戦に動員しようとするところにあり、「三・三制」はその手段であると考えられているにすぎない。したがってこの三・三制をとる政権において、「共産党員が政権内で指導的地位をしめるように保証しなければならない」ことは、当然の前提とされていたのである。(13) このことから明らかなように、三・

三制は諸階級の政治集団の自由な存在と自主的な活動を認めるという複数政党制の思想、民主主義的政治制度の思想とは根本的に異なるものであった。それは「与えられた民主主義」、「指導された民主主義」の範囲を出るものではなく、この段階で中国共産党の指導的地位が確立し、その支配が実現しえている辺区においてのみ通用しうる制度であって、国民党支配地区をも包括する全国的政治制度——統一戦線の政治制度とはなりえないものであった。

「与えられた民主主義」、党の恩恵としての民主主義という考え方は、毛沢東と中国共産党に特有のものであるとはいえないが[14]、その「大衆路線」という活動方法のなかに典型的にしめされているといえる。ひところ「大衆路線」をもって中共の民主主義的認識方法であるという考え方が広く存在していた。しかしこの方法はもともと党の大衆への「指導方法」として提起されたものであり[15]、「大衆のなかから出て、大衆のなかへ」という認識の往復作用を通じて、より正しい認識、より正確な政策が生み出されるという活動のあり方は、党と大衆との関係において、党が主体であり、大衆は党の指導のもとでの客体であることを前提とするものである。この関係において党の指導が強調される時、大衆の党への反作用は無視または軽視されることとなる。これは人民大衆が政治の主体であるとする民主主義の思想とは異なるものであり、中国共産党の民主主義への理解の限界があるといえる。抗日戦争期において、国民党支配地区に比べて、はるかに民主的な政治制度を実施していたとはいえ、中共の辺区政権も抗戦の遂行を最大の目的とした軍事政権であり、非常時期の革命政権であるという限界をもっていたのである。この延安時代の経験を至高のものとして、解放後の政治に適用するとすれば、それは一党専制の非民主的な政治に転化していかざるをえないことは必然であったといえよう。

三、抗日戦勝利と民主主義への展望

抗日戦争勝利後、中国には「平和と民主主義の新段階」といわれる、諸党派の協同による平和的で民主的な国家への展望をもった一時期が出現したことがある。これは偶然に生まれたものではなく、抗戦期を通じての人民大衆の果敢な民主主義闘争と国際的な米・英などの圧力によって生み出されたものであった。米・英両国は中国を対日戦への同盟者として、四三年初め、最後の不平等条約である領事裁判権を放棄して、中国に対等な地位を認めた。このことは他方では、対日戦を有効に進めるために、蔣介石の一党専制を廃止し、民主主義的政治を要求することでもあった。四三年一一月のカイロ会談への中国の参加は、米・英のこの要求に対して、蔣介石に何らかの措置をとることの必要性を感じさせた。そこで国民党は同年九月の五期一一中全会において、抗戦勝利後一年以内に憲政を実施するとの決定を行い、十月、国防委員会の肝煎りで「憲政実施協進会」を組織した。しかしこの措置はいかなる意味においても、国民党と蔣介石が民主的な政治体制に移行しようとの意思を表明したものではなく、国際的な民主化要求の前に、民主的な外観を整え、人民大衆の〝下から〟の民主化運動を政府の統制下におくために組織した機構にすぎなかった。

一方、在野の勢力はこの年の夏ごろから、国民党の一党独裁政治に反対し、民主政治が必要であるとの立場から、国民党への批判を強めていたが、「憲政実施協進会」の成立を機に、四四年に入ると再び民主運動がもり上がり、日本占領下の都市をも含む全国的な自由と民主主義を求める大衆的運動として発展していった。この運動を背景に、四四年九月には「中国民主同盟」が結成され、国共両党を除く政治勢力と民主的知識人を構成要素とする第三の政治勢力が成立した。民主同盟は抗戦の停止と内戦の勃発という危機的状況を打開するために「抗戦・団結・民主」をかかげて、内戦反対、民主政治の実行の世論を喚起する上で重要な役割を果たした。

これらの民主運動と軌を一にして、中国共産党も、抗戦末期の第七回大会において、「民主連合政府」の樹立を提起し、国民党をも含むすべての政治勢力の共同による「独立・民主・富強・統一」の中国の建設への展望をうち出したのであった。ここで構想された政権は、すべての政治勢力の共同であり、平等・対等な立場での協力であった。そこには他党との間の民主的な関係が予想されていた。

抗戦勝利後の事態も、内戦の危機と国民党独裁支配の状況は依然として続いていた。四六年一月の政治協商会議は、この危機を打開しようとする人民大衆とアメリカの要求によって開かれたものである。この会議のなかで、中共は民主同盟などの民主勢力と手を組んで、平和と民主主義の実現のために闘った。この時の中共と民主同盟などとの関係は、対等・平等のものであった。

会議の結果は不十分ながらも、「平和と民主主義の時期」を展望しうるかの成果をあげた。しかし蔣介石国民党の一党独裁支配の野望は、この協商会議の決議を拒否し、同年七月には再び全面的な内戦が公然と始められた。「平和と民主主義」の展望はくずれ去った。国民党の内戦政策は一党独裁を維持するためのものであり、政治の一党独裁支配と結びつくものであった。それゆえ四七年秋には民主同盟は非合法化され、中国の民主主義的政治制度の実現への希望は完全に閉ざされた。こうして武力闘争による革命の道のみが残されたのであるが、四八年一月、非合法化された民主同盟が再建された時、国民党独裁集団の打倒の方針として民主同盟の革命的立場も明確にされ、中共との「団結・合作」の方針も確立されたのである。中共の側からも、民主同盟のこの転換は「革命的民主派」への転換として歓迎され、民主同盟などと共同して米・蔣反動派の支配を打倒する「愛国民主の革命的統一戦線」の結成が提唱されたのである。この時の中共と民主同盟＝民主党派との関係は、あくまでも対等・平等の関係であり、「指導」・「被指導」の関係は存在していなかった。

中共と民主諸党派とのこの関係は、四八年五月一日のメーデー・スローガンで中共が、「政治協商会議の開催」と「民主連合政府の樹立」を呼びかけたのに呼応した民主諸党派の態度においても、それに応えた八月一日の毛沢東の返電においても、同様に貫かれていた。

では、中共と民主諸党派との関係が、いつから、どのようにして、対等・平等の関係から、指導・被指導、あるいは支配・従属の関係に変化したのか。そこにどのような要因が働いていたのか。そこにこそ中国共産党の民主主義を理解する鍵があると考えられる。

その変化の時期は、およそ一九四八年の一〇月ごろから翌四九年二月ごろにかけての時期であったといいうるであろう。

一九四八年九月、民主同盟の構成部分である農工民主党（第三党）は、中央拡大会議を開いて長文の

「政治決議」を採択した。同文書は当面の革命情勢のなかで、現実にすすめられている武装闘争をふくむ各種の革命的方策をさらに推し進めることを確認し、それらの闘争をすすめるうえで、「中共の戦友を尊重し」、「指導を統一し、合作を強化」すること、さらに中共については、「今日において反帝反封建反官僚資本の革命の戦友であるだけでなく、新中国を建設する長期の合作者でもある」と、対等・平等な立場に立つ同盟者と位置づけていたのである[16]。また、農工民主党は、革命をより急速に進めるという立場から、四八年以後、独自の武装勢力を組織し、武装闘争をも積極的に展開し始めていた[17]。しかし、注目すべきことは、民主党派のこのような中共との対等・平等な考え方に対して、中共系論者から鋭い批判が投げかけられたことである。「新民主主義革命は……ただプロレタリアートの指導を必要とするだけ」であり、「この革命はいかなる他の政党をも指導者とすることはできず、ただプロレタリアートと中国共産党を指導者とすることが必要なだけである」。「いかなるその他の民主党派も、……率直に中共を中国革命の盟主として尊重すべきである[18]」。中国革命が中共の指導を必要とするという論点は、これまで、一般的な理論としては論じられたことはあったが、具体的な政治行動として中共を「盟主として尊重」すると論じられたことはなかった。それは革命の最終段階において、民主諸党派の中共との対等・平等の立場が革命の指導権を争うものとの危惧を中共に抱かせたことをしめすものであった。

農工民主党の中共と対等・平等の関係を保つという思想に対する危惧の念は、中共党外の民主人士からも提出されていた。民主促進会の主席馬叙倫は、この「政治決議」に歓迎の意を示すとともに、人民民主革命のもたらす民主主義とは、多くの知識人が考えているような英米式の選挙や議会制度を持ったものではなく、「人民が国家の主人公であり、国家の主権が人民の手中にある」ものだといって、知識人のブルジョア民主的な考え方を批判し、プロレタリアートの指導を承認していた。しかし同時に、かれはそれが一党の独裁ではなく、「各階級の連合独裁」であり、「全民政治」であるとの見解をも示していた[19]。この見解にはその政治原理が、いかなる形態で実現しうるかについての展望は示されていなかったが、「英米式の選挙や議会制度」でないことを前提とし、「プロレタリア政党の指導」を承認するものであって、のちに中共の〝指導〟を容認することに道をひらく論理であったことに注目する必要があろう。中共党外の民主人士に、このような思想が生じうる根拠は、革命の対象の一致性（＝反米帝反封建反官僚独占資本）と、革命後の中国への展望（独立・民主・富強・統一の中国）についての同一性という政治目標の共通性にあったといってよいであろう。

四、中国共産党と民主党派の関係の変化

中共と民主党派の政治目標の一致性というところから、ただちに両者の関係に〝指導〟・〝被指導〟という関係が生まれるわけではない。しかしその関係が生まれる一つの条件として、両者の政治組織力、軍事力の圧倒的な差異の存在を指摘することができる。そして同時に、中共側からの〝支配〟への衝動と、民主党派の側のそれを受け入れざるをえない必然性が存在した結果として、両者の指導－被指導、あるいは支配－従属という関係が成立したということも事実であろう。

中共側からの民主党派に対する〝支配〟の衝動は、民主党派がブルジョアジーと小ブルジョアジー上層を主として結集する集団であり、おもに大中都市を中心に存在している政治集団であり、それはまた中国の文化の中心的担い手でもあるという事実にもとづいているといえよう。これまで、主として農村で活動して来た中共にとって、都市への工作を主要な課題とする全国的政治権力の獲得を具体的日程にのぼせる段階では、民主党派は共存し、協力する対象であると同時に、都市での指導権をめぐって対立し闘争する対象とならざるをえない一面をも持つ。その対立と闘争の面を強調するならば、民主党派に対する政治的指導権の確保と組織的支配への衝動が生まれて来ざるをえない。政治的指導権の確保の動きについては、すでに前節で見たところであるが、組織的支配への動きもまた次のようにすすめられた。その最初の動きは、四八年八月、民主同盟港九（香港・九龍半島）支部の同盟員が、中共と革命の指導権を争う政治方針をうち出したことに端を発し、それらの同盟員の除名処分に見られる措置である（「張王事件」[20]）。この民主同盟内の組織問題の処理には、中共の〝指導〟が深くかかわっていたことが推定される事実もあり、その処理をめぐって、民主同盟内に多くの抵抗のあったことを示す事実も散見される。しかもこの事件の波紋は民主同盟内部にとどまらず、農工民主党にまで波及していったところに、事態の重大さがあったといえる[21]。それはこの事件が民主同盟のある部分を対象としたものではなく、民主党派全体を対象としたものであることをしめしたからである。この「張王事件」が公表された同じ時期、国民党支配地区から解放区に入った民主人士五五名の連名で、「時局に対する意見」が公表され（四九年一月二二日）、「中共の指導のもとで」の「人民民主独裁」を承認し、「人民革命を最後まで遂行」する決意が表明された。

この時期から民主党派の政治路線と組織路線についての再検討がすすめられ、民主党派の中共への従属が進行することになるのである。その過程を民主同盟について見るならば、以下のようである。民主同盟は四九年三月五日、北京に臨時工作委員会を成立させ、四中全会開会の準備活動に入った。それは全国的な解放が間近にせまった国内情勢に合わせて、同盟の政治路線と組織路線の再検討をすすめることが主な任務であった。その状況の中で展開された議論は以下のようなものである。「独立した中間の陣営をうちたてようとすることは、その主観的善意がいかなるものであろうとも、客観的には国民党反動派の道を歩むものとなる」。したがって現在の方針は、人民の立場に断固として立ち、中共と協力することであって、「中共の綱領の外にあって、別の独立した政治主張を提起する必要はなく」、「地位の高低、利益の多寡を争ってはならない」というものである。[22] この論は民主同盟に対して中間派の独自の政治主張・政治目標の放棄を要求する意見であったといってよいであろう。中共と民主党派が革命の当面の目標において一致していたとしても、その実現の方法や道筋のすべてにわたって同一であることはありえない。したがって、そこに独自の政治主張があり、独立した政治路線があるのは当然である。しかるに、民主同盟の論者によって、同盟の政治主張の独自性・独立性が否定されたのである。

一方、組織路線においても同様な傾向が見られた。組織形態の面では、現在の民主同盟の任務と組織の現状から、「政党として発展すべきではなく」、小ブルジョア知識人の政治集団に発展させようとの方針が主張されていた。[23] このような民主同盟を小ブルジョア知識人の組織として発展させようとすることは、これを中共の指導のもとにおける一種の階層的な大衆組織に位置づけようとする動きであったということができるであろう。

これらの民主党派の独自性と独立性の放棄の動きは、中共側の〝指導〟の強化の動きと歩調を合わせたものということができる。中共が四八年のメーデー・スローガンにおいて「新政治協商会議の開催」をよびかけてのち、民主党派知識人のなかに「新政協」をいかなるものと位置づけ、革命闘争の全体の過程とのかかわりがどうなるかをめぐって、五月から八月ごろにかけて論議が展開されたのとならんで、中国共産党もまた、今後の政権はどのようなものか、またその新政権はどううちたてられるべきかをめぐって研究を進めていた。そのなかで、董必武は四八年一〇月、「人民政権研究会」において、「新民主主義政権はプロレタリアートが指導し、労農同盟を基礎とした人民民主独裁〔の政権〕である[24]」と明確に論じていた。この観点は同年末の毛沢東の論文によっても、革命によってうちたてられる国家は、「プロレタリアートが指導し、労農同盟を主体とする人民民主独裁の共和国」であると論じられた[25]。四八年四・五月の段階で「民主連合政府」の樹立と言及された新しい政権は、四八年秋から冬の段階では、「人民民主独裁の政権」に変わって〔発展させられて〕いたのである。それは明らかに〝プロレタリアートの指導〟が優位に立ち、諸党派の民主的平等の連合ではありえなくなった実態を反映したものということができるであろう。

中共の「人民民主独裁」の理論は、四九年三月の七期二中全会において定式化され、さらに新政治協商会議の準備会を経た後の六月三〇日、毛沢東の「人民民主独裁論」において、「共産党の指導と人民独裁の国家権力[26]」こそが革命を最後まで推し進める条件であると言明するに至ったのである。この「人民民主独裁論」の根拠となる思想は、「西方のブルジョア文明、ブルジョア民主主義、ブルジョア共和国」に対する「労働者階級の指導する人民民主主義、人民共和国」の民主主義的優位性という観点である。[27]しかしこの優位性が実証されるためには、中共以外の諸政治勢力の自主的・独立的な存在が容認されていなければならない。しかし、すでに見たように、中共は「党の指導」の観点のもとに、民主党派の対等・平等な地位と、独立自主の立場を否定したのである。中間派の民主党派・民主人士もまたそれを容易に受け入れたのである。

では、なぜ民主党派・民主人士は「中共の指導」を唯々諾諾と受け入れたのか。

中国の知識人が三〇年代以来、最大の課題にして来たのは、民族の危機の救出であり、「民族の出路」[28]の問題であった。民主主義の実現の問題も民族的危機の救出の課題に応えるために一体のものとして追求されて来たことは、第一節で見たとおりである。この傾向は抗戦後の民主同盟の動向のなかにも明瞭に見てとることができる。政治的には英米式の民主主義、経済的にはソ連の経済民主主義に依拠して中国独自の民主主義制度を実現するとの方針をかかげていた民主同盟[29]が、四七年秋非合法化された後、四八年一月の三中全会によって再起して、「革命的民主派」としての立場を明確にした時、その最大の特徴は、国民党反動集団の打倒とともに、アメリカ帝国主義の駆逐を明確な政治目標としたことである。[30]それ以前の民主同盟にはアメリカ帝国主義を敵とする論調は、同盟全体の方針としては存在していなかった。この時期から、民主諸党派の反米反蔣の革命的「愛国民主統一戦線」の結成――民族的課題が最大の課題として追求されるようになったのである。

民主同盟のこのような変化の根底にある中国知識人の民主主義思想は、いかなるものであったのか。それはすでに四五年末から四六年春の段階で展開された民主促進会の理論家厳景耀の民主主義論のなかに端的に見ることができる。かれは「個人の自由は集団のなかで獲得されるものだ」といい、「集団から離れた個人は最も不自由である」ともいう。そしてこの集団の最大のものが国家であるとし、国家こそが「国民にすべての必要とする機会と自由を与えることができる」、「人民は国家の大集団のなかで機会と自由をもつことができ、それによってはじめて最大の能力を発揮し」、「自分の生活を改善できる」というのである。つまり国家のもとでの個人の自由という論理であるが、国家を全人民の一致団結した大集団たらしめるために、民主主義が要求されるというのである。その論理の根底には国家という集団が第一義的なものとして位置づけられ、民主主義と自由とは各個人がその力量を発揮させうる条件として考えられているのである。したがって個人の自由あるいは民主主義は、集団に対する個の確立、国家権力に対する個人の自由という対立的な把握ではなく、集団のなかでの個の自由、国家（民族とおきかえてもよい）によってこそ自由が与えられるとする民主主義論であったといってよいであろう。(31)

ここに民族の自由・解放を第一義とし、個人の自由の確立は民族の解放をとおしてしか実現しえないとする植民地中国に特有の民主主義の理論があったのである。それは植民地中国という現実に即応した民主主義思想であり、一面では中国知識人の現実の課題を反映した思想であったといってよいであろう。このような思想状況が、現実の革命の進展のなかで、民族の救出に献身的に努力する政治勢力に吸引され、そこに自らの政治主張の実現を託していこうとすることは必然であったといえよう。それは民族の解放と自由を目的とし、その目的実現のために封建的な土地所有制度を廃止し、農民大衆を起ち上がらせることを内容とした中国革命の性格をも反映したものであったといえるのである。

むすび

中国における民主主義思想が、民族の解放・自由の獲得に主眼がおかれ、個人的自由やその他の自由は民族的自由の実現によって現実のものとなるという点にあったことが、中国の民主主義のあり方を規定し、またそれが中国共産党と他の党派との関係をも規定する要因であった。それは中国革命の本質が、何よりも「民族の解放」を求める「民族革命」(32)であり、反封建の土地革命すら民族的課題に従属するという一面をもっていたという事実に、それは端的にしめされているといえる。民主主義は「愛国」の前には後景に退かざるをえなかったのである。ここに植民地中国の特徴があった。

そのことは独立達成後の中国において、民主主義と人民大衆の要求はそのままの状態で存在することはできないことを意味する。それが解放後の中国において、五六・七年、七八・九年、八六年、八九年と次つぎに民主化要求の運動が起こされて来る根拠となっているのである。これに対して、中共中央の今回の「多党制についての見解」は、「愛国」、「愛国者」、「愛国統一戦線」(かつての「愛国民主統一戦線」ではないことが注目される)など「愛国」を連発することによって、民主主義への要求を抑えようとしている。これは解放前の植民地中国において通用した政治思想と政治形態を、四〇年後の異なった政治的歴史的状況において通用させようとするものであって、今日の状況のなかで再び通用することはありえないのである。

五〇年前、半植民地半封建の中国社会において、民族の生死をかけた抗日戦争という闘いのなかで有効性を発揮し、前進的な役割を果たした中国共産党の指導下の民主主義という政治理念と政治形態は、近代化を当面の最大の目標とする独立国家としての現在の中国では、桎梏となっているのである。昨年〔八九年〕四・五月の民主化運動がしめしたものは、そのことである。

注

(1) 沈志遠「論〝長期共存、相互監督〟」(『人民日報』一九五六年一一月二〇～二一日)。
(2) 聞一多「五四歴史座談」(『聞一多全集』巳集)八～九頁。
(3) 孫文『三民主義』(岩波文庫版)上巻、一八九頁。
(4) 陳独秀「民主党与共産党」(『新青年』第八巻第四号、一九二〇年一二月)。
(5) 石島紀之「抗日統一戦線と知識人」(『歴史評論』二五六、二五九号、一九七一年一一月、七二年二月)。
(6) 『時報』一九三一年一〇月二七日。
(7) 『中国民権保障同盟』(中国社会科学出版社、一九七九年)二八頁。
(8) 『大衆生活』第九期。
(9) 李公樸「全民抗戦的必然過程」、「為全民動員告国人書」(『民衆動員論』生活書店、一九三八年、所収)。
(10) 中共中央政治局「中国国民党に宛てた書簡」(日本国際問題研究所編『中国共産党資料集』第八巻)。
(11) 福島正夫『中国の人民民主政権』(東京大学出版会、一九六五年)第二章参照。
(12) 李公樸『華北敵後』(三聯書店、一九七九年)六五頁。

(13) 毛沢東「抗日根拠地の政権問題」(『選集』邦訳第五巻)六〇頁。
(14) 孫文の革命過程における訓政期の設定は、国民党の指導のもとに人民大衆の民主主義的訓練を行うということであって、この時期の人民大衆にはまだ自らを統治する能力がないという見方に立つものであり、国民党の指導下での「与えられた民主主義」の時期ということができる。
(15) 中共中央政治局「指導方法についての決定」(『中国共産党史資料集』第十一巻)。
(16) 「農工民主党中央拡大会議政治決議」(李伯球編『中華論壇』第一輯、一九四八年)。
(17) 張軍民『中国民主党派史(新民主主義時期)』(華夏出版社、一九八九年)七〇七〜七〇九頁。
(18) 胡一声「中国革命的特点与農工民主党的新政治決議」(『中華論壇』第二輯)。
(19) 馬叙倫「読〝迎接新中国的闘争任務〟」(同右)。
(20) 「本盟中央組織委員会関於港九支部××小組事件的報告」(『光明報』新二巻第十一期、一九四九年二月一日)。なお、「張王事件」については本書第一章参照。
(21) 「農工民主党関於党的思想教育問題的決定」(同右、第十二期、一九四九年二月一六日)。
(22) 黄薬眠「論中国民主同盟的道路」(同右、新三巻第二期、一九四九年三月一六日)。
(23) 楊群「革命新形勢与民主同盟」(同右、第三期、一九四九年四月一日)。
(24) 董必武『論社会主義民主和法制』(人民出版社、一九七九年)八頁。
(25) 毛沢東「革命を最後まで遂行せよ」(『選集』新日本出版社、第四巻(下))一〇四頁。
(26) 毛「人民民主独裁について」(同右)二二九頁。
(27) 同右、二三三頁。
(28) 章乃器「民族的出路在那裏」(『大晩報』一九三二年一〇月一〇日)に典型的に見られるように、この時期の中国知識人の最大の関心が「民族の出路」、「民族の救出」にあった。
(29) 中国民主同盟臨時全国代表大会「政治報告」

(『民主同盟文献』一九四六年所収)。

(30)「中国民主同盟三中全会政治報告」(『中国民主同盟三中全会』民主同盟総部、一九四八年三月)。

(31) 拙著『中国の知識人と民主主義思想』(研文出版、一九八七年)第三章参照。

(32) 坂野良吉氏は四九年に成就した革命を、「広義の国民革命」と規定している(「中国『文革』史論序説」『季刊中国』一八号、一九八九年秋季号)。今後、中国革命の性格をめぐっては、さらにいろいろな角度から検討され、論議されなければならないであろう。

付論　中国近代の政党の特徴

一、近代的政治潮流の出現

近代的政治結社の出現　中国において近代的な政治勢力が成立するのは、一九世紀末、清朝を打倒して新しい政権をうちたてるのか、あるいは清朝の封建的政治を改革するのかが課題となった時からである。革命派は興中会・華興会・光復会などを組織し、清朝打倒の革命活動に入っていく。他方、新進気鋭の革新官僚は若い皇帝と結んで清朝政府のもとでの政治改革を実現しようとの試みを進めていた。しかし、この政治改革が失敗におわると、改良派は自らを政治的に結集させていくようになった。また革命派は一九〇五年中国同盟会として結集して、自らを一つの勢力として確立した。こうして一九世紀末から二〇世紀初めにかけて、革命派と改良派の二つの政治的潮流が形成されていくようになった。

これらの政治的結社は厳密な意味で近代的な政党とはいえないものであるが、一定の政治的要求をもち、その実現を目指して政治権力の奪取を目的とする政治活動を展開したという意味では、「政党的」な役割を果たしたものといってよいであろう。

一般に、議会制度の展開が政党の発展と結び付いているといわれるが、中国においては、先に述べた革命派と改良派の二つの政治的潮流が「議会」の存在とは無関係に、政治権力の掌握を目的とした活動によって、政党的な役割を担ったということができ、それはまた中国における最初の「近代的政治勢力」の出現といってよいであろう。

中国においても、「政党」が政治世界に出現して来るのは、「議会制度」の出現が予想された時期においてである。一つは辛亥革命前後の時期であり、二つには抗日戦争後の「政治協商会議」の開催前後約一年ぐらいの時期である。

まず第一の辛亥革命前の時期についてみると、次のようである。改良派が組織した政団などの〝会〟〝社〟は、六六八にも達し、そのうち「主に政治活動に従事し、近代的なブルジョア階級の政治団体の性質をもっていたもの」は、八五団体もあったといわれる。また革命派が組織した「愛国団体で秘密の革命〝会〟〝社〟は一九三であった」ともいわれている（邱銭牧主編『中国政党史』〔山西人民出版社、一九九一年〕三頁）。そして辛亥革命直後、袁世凱（一八五九～一九一六）が共和制の実行を約束し、「議会政治の実現」が予想された時期に成立した政治団体は、三〇〇以上にも達したともいわれている。しかしこれらの政治団体は、一九一三年四月の第一回国会の招集前までには、その多くが淘汰されて、おおよそ三つの系統の四大政党――革命派の国民党、立憲派の民主党、および共和党・統一党――に収斂されていった（呉江・牛旭光『民主与政党』〔中共中央党校出版社、一九九一年〕一五五頁）。

最近の研究によれば、この時期の中国の政党の特質は、第一に革命政党と立憲政党が明瞭に分化し、多くの場合互いに対立していたこと、第二に革命党も立憲党も政治上は「二重性」をもっていて北洋軍閥の独裁の願望に反対していたにもかかわらず、「極めて大きな妥協性と軟弱性」をもっていたこと、第三に派閥・系統が非常に多く分化していて一定ではないこと、第四に党員の進退が自由であり、二つ以上の党に所属している分子が特に多いこと、第五に政治綱領はほとんど同じで特色に乏しいこと（共和党と同盟会の綱領でも僅かに一か条違うのみであった）、などである。これらの事実は「政党政治がまだ未熟であり、独立の政見に欠けている」ことを示すものであった（邱銭牧前掲八～九頁）。

孫文の政党活動　中国における「近代的政党」がこのように「未熟な」状況の中で、袁世凱によって議会制度が否定されたことは政党状況をも大きく変えた。国民党の後身である「中華革命党」は、「反袁」のための会党的な革命党として組織され、その成立に当たって孫文（一八六六～一九二五）と黄興（一八七四～一九一六）との激烈な論争の後に決定された党の組織原則は「総理（孫文）」の権限を絶対的なものと定め（狭間直樹「孫文思想における民主と独裁」東方学報第五八冊、一九八六年三月）、またその組織の規定は党の組織機構についての規定というよりは、政府を組織するに当たっての規定である様相を示していた。そこには近代的な政党がもち得ている民主的な様相はどこにもなかった。それ故「中華革命党」は成立したとはいえ、袁世凱が死んだこととも関連して、それ以後「国内の政治生活のうえでは大きな影響を与えず」、「実際上の〝政治的〟作用はしだいに喪失していった」のである（呉江・牛旭光前掲一六一頁）。

一九一九年の五・四運動が民衆の自然発生的な運動として展開され、その政治的目的を達成したという事実を目の当たりにした孫文は、この運動を指導することもできなかった反省のうえにたって「中国国民党」を成立させた。その党の規約は「三民主義の実行をもって宗旨となす」と、その政治的目標を明確にしてはいたが、組織原則のうえではあいかわらず「総理一人を設け」て、それにすべての権限をもたせることにしていた。しかし組織的な規定の面では、「中華革命党」に比べて数段の進歩をみせていた（肖效欽主編『中国国民党史』〔安徽人民出版社、一九八九年〕九七～九九頁）。

二、中国国民党とその体質

近代的政党の成立と孫文の大党主義

このような政党状況は、一九二一年に中国共産党が成立することによって大きく変わった。中国共産党の第一回大会は党の綱領的な「当面の活動目標」を決めるとともに、党の組織原則をも決めている。その原則は党員の条件、組織の規律、組織機構などを明確にしたものである。その中でも注目すべき点は、党の指導体制の面では委員会制を採ることを明確にし、党員については「入党前に、わが綱領に反対する政党あるいは団体との関係を断たねばならない」ことを明確にして、「二重党籍」（「跨党」）を禁じ、党の政治方針に忠実であることを求めていることである（「中国共産党の最初の党綱」『中国共産党史資料集』第一巻〔日本国際問題研究所、一九七〇年〕五四～五五頁）。このように政治目標だけでなく、その組織原則をも明確にし、党員に対して党の方針に忠実であることを求めたことは、まだ不十分ではあっても、ここにようやく近代的な政党が誕生したことを示すものであった。中国共産党は翌年の第二回大会において、より整備された規約を採択した（「中国共産党規約」同前一四四～一四七頁）。

中国国民党が成立してからも、孫文の政治行動の基本は軍事力に頼って旧政治勢力を打破して、近代的な国家を成立させることにおかれた。そしてかれはその依拠すべき軍事力を軍閥に求めるという姿勢を依然としてもち続けていたのである。一九二〇年一二月陳炯明（一八七五〜一九三三）に迎えられて広東軍政府の大元帥となった孫文は、その後も陳炯明の武力に依存して革命を成し遂げようとしていたが、一九二二年、陳炯明にそむかれたことによって、革命の同盟者を別の政治勢力に求めざるを得なくなったのである（横山宏章『孫中山の革命と政治指導』〔研文出版、一九八三年〕第一章参照）。この時、コミンテルンの働きかけもあって、かれは中国共産党との連携に踏み切った。その動機は、それによって国民党内の「不良分子を除去して、新鮮な血液を増加させる」ことにあった。ここに国共合作が実現することになるのであるが、孫文はその際、国共合作の形式として両党の対等の合作＝〝党外合作〟に「異議をさしはさみ」、共産党員が個人の資格によって国民党に加入することを認めたに過ぎなかった（呉江・牛旭光前掲一六八頁）。このことは孫文が他党と国民党とが併存し、競争することに賛成でなかったことを示すものであり、かれの「大党主義」と「一党独裁」の思想を反映したものであった（同前一七四頁）。

国共合作と孫文の個人独裁制の維持　国共合作は、国民党の改組および民衆運動の指導体制の確立と国民党自前の党軍の樹立という国民党における全般的な政治的改革と一体のものである。その政治改革によって国民党は初めて近代的な政党として成立したといってよいであろう。その第一回全国代表大会は帝国主義と軍閥に反対し、三民主義の実現を目指す方針を確立するとともに、党組織の確立の面では、「本党改組後、厳格なる規律の精神をもって本党組織の基礎を築」くことを明確にし（「中国国民党第一回全国代表大会宣言」『中国共産党史資料集』第一巻、三四一頁)、「規律の厳守、党章の遵守、党義への服従」などの厳格な組織原則を規定したのである(呉江・牛旭光前掲一七一頁)。しかしこの「中国国民党総章」においても「総理」を孫文と規定し、「総理」の権限についても議決を覆したり「最終決定権」を与えるなどの絶対的権限を依然として残していて(波多野乾一『中国国民党通史』(大東出版社、一九四三年)二六五頁)、民主主義的な組織原則とはほど遠いものであった。それはまた大会の運営にもみられ、この「総章」が党の指導体制を「総理制」から「委員会制」に改めたとはいえ、「大会の五人の主席団の全員と会議の一部の代表については孫文が指定する」という、以前と同様な孫文個人への〝集権〟の実態が依然として残存していたのである(呉江・牛旭光前掲一七一頁)。従って改組された国民党は近代的な革命政党への脱皮を遂げつつありながらも、孫文を中心とする古い体質を依然として根強く残していた〝疑似近代政党〟ということができるであろう。この古い体質は孫文死後、国共合作を否定する古い路線に国民党を回帰させようとする右派の巻き返しによって、さらに強まることになる。

一九二六年一月の国民党第二回全国代表大会は第一回大会の決定した反帝反軍閥の路線をさらに明確にして、革命的な立場を明らかにした。この大会は五・三〇運動による民族主義の全国的な高まりと、広東省内の軍閥陳炯明を打ち破って広東政府の革命的基盤が固まり革命的左派の基盤が強化されたことによって実現した大会であった。それ故第二回大会は左派の勝利だといわれた。

蔣介石の独裁体制の成立　しかしそれから二か月後の、三月二〇日、蔣介石(一八八七～一九七五)は反共クーデタ(中山艦事件)を断行して左派勢力に甚大な打撃を与えた。これによって左派の政治的基盤はそれほど強固でないことが明らかとなった。それを見透かした蔣介石は以後二か月のあいだ、右派および広東政府内の〝軍指導者〟と連絡を取りながら、二期二中全会を準備し、五月一五日の二中全会に突如として「党務整理案」を提出した。この時提出された「党務整理案」は、右派が以前から主張していた「共産党員の国民党からの退出」という方針を具体化し現実化したものである。二中全会の開催そのものが厳重な武装力の威嚇のもとで開かれたものであって、これもまた蔣介石の第二のクーデタであった。この時蔣介石が中国共産党員を縛る口実として使った手法は、国民党に加入している共産党員にたいして「総理と三民主義にたいして懐疑と批判をもってはならない」と規定した(「党務整理第二決議案」)ように(邱銭牧前掲五二〇頁)、孫文と三民主義の絶対化であり、それによって中共党員の活動を拘束したのである。こうして成立した体制は「委員会制」による集団指導よりも「個人指導制」を重視するという国民党の古い体制であった。この体制はまた軍事力重視の体質とあいまって、国民党を第一回大会の方針から大きく逸脱させるものとなったのである。

かくて二中全会以後、蔣介石の指導的地位は確定的となり、彼の指導のもとで北伐が開始され、翌年の四・一二クーデタとなって、国共分裂へと進んでいったのである。その過程で、中国国民党がもっていた古い体質は全面的に復活し、蔣介石の指導のもとで〝疑似近代政党〟としての姿を完成させていくことになったのである。

「訓政」体制の成立とその理論的背景　軍事力を背景にして国民党の指導権を獲得した蔣介石は、一九二八年二月の二期四中全会において再び権力への復帰を成し遂げ、四月からは第二次北伐を開始するとともに、「訓政」への準備を整えた。そして同年八月の二期五中全会では「訓政の開始」を提議し、「党をもって国を治める（以党治国）」という〝一党独裁の政治体制〟を確立した。かくして二七年七月の武漢における国共分裂以後非合法化されていた中国共産党だけでなく、一九二〇年代に成立していた国家社会党や青年党も非合法化されることになったのである。

しかしこの「党をもって国を治める」という方針は、蔣介石の独自のものではなく、すでに孫文によって提起されていたものであった。孫文は一九二一年三月、「以党建国」・「以党治国」論を展開し、政党政治による「治国」を説いていた（西村成雄『中国ナショナリズムと民主主義』（研文出版、一九九一年）九二頁）。この論は二四年の改組後は、「本党の党員によって国を治めるのではなく、本党の主義によって国を治めることなのである」とされたが、ここに孫文の「国民党によって新しい国家を打ち立てる」だけではなく、「この国家は国民党の理論によって治められねばならぬ」という思想がみられたのである（呉江・牛旭光前掲一七三頁）。さらに孫文の晩年における主張と政治的実践は、かれが「政党は長期にわたって存在するものであり、その政党とは国民党である」と考えていたことは明らかである（同前）。孫文が政党についてこのように考えたことの根拠は、かれが階級対立を認めず、「政党とは〝全ての国民の代表〟である」と考えていたところにあった。それ故かれは西洋の政党政治における〝自由競争〟の概念を放棄し、「〝政党内閣〟の樹立を主張せず」、「一党による独裁的な国の統治」を主張したと指摘されている。同時にかれは「憲政」において〝政権を人民にかえす〟と主張していたが、それと一党独裁の統治のあいだには大きな矛盾があったにもかかわらず、それについてはなにも述べてはいなかった（同前）。

孫文にみられるこのような「一党独裁の思想」は、すでにみたような「大党主義の思想」および「個人権威思想」とともに、かれの思想の否定的な面を示すものであった。その否定的な一面は、蔣介石によって決定的に非民主主義的な政治体制の構築の思想として実践されることとなった。それが蔣介石による「訓政体制」である。しかも蔣介石の「訓政体制」は国民党による一党独裁体制であるだけではなく、蔣介石の個人独裁でもあった。これも「総理」への権限の集中を基本にしている孫文の「個人権威」思想を受け継ぐものであり、孫文の思想の悪しき遺産であったが、蔣介石の場合はその個人独裁を支えるものとして、藍衣社やCC団などの特務、抗日戦争の開始後には、国民党中央執行委員会調査統計局（中統）や軍事委員会調査統計局（軍統）などの秘密警察による強権政治を特徴としている点で、孫文の思想とは決定的な違いがあった。この違いを無視することは誤りとなるであろう。

三、中国の政党と軍事力への依存

中国国民党における軍事力の意味

孫文の思想と政治行動の特徴の一つとして、すでに述べたように武力による革命の遂行という点を指摘できる。興中会以来の孫文の革命活動は軍事行動と密接に結び付き、辛亥革命以後の反袁世凱闘争でも北京の軍閥政府に反対する闘争においても、かれの革命行動は一貫して軍閥の軍事力を利用しての闘争であった。一九二四年の国民党の改組の目標の主要なものの一つが、党軍＝国民革命軍の建設であったことはすでに述べたとおりである。一九二三年秋、孫文は腹心の蔣介石をソ連に派遣して、ソ連の赤軍のあり方をつぶさに研究させ、それをもとに翌年四月、広東に黄埔軍官学校を設立して、革命軍の指揮官の養成を図った。このことはかれのこれまでの軍閥の軍事力に頼った「革命」＝軍事行動の失敗の経験から導き出された新しい方策であった。そしてこの党軍の建設こそが国民党に「国家統一」を実現させ、統一的権力を樹立させた決定的要因となったのである。またこのことが、党軍の総司令官として軍事力を保持していた蔣介石が、国民党内において指導的地位を獲得し得た根拠の一つとなったのである。

中国の政党政治の中で、軍隊、軍事力が決定的な意味をもち得たのは、中国社会の特殊性によるものである。中国では清朝が倒れた時から、帝国主義の介入ともかかわって、それぞれの地方に「地方実力者」といわれる軍閥が割拠する局面が生まれていた。革命的政治勢力がそれらの軍事的実力者を支配下にいれ国家的統合を完成しようとすれば、軍閥にまさる政治的・軍事的力が必要とされることは明らかであった。ここに政治力とともに強力な軍事力が必要とされる根拠があったのである。

中国共産党と軍事力　軍事力の必要性についての認識という点では、国民党に限らず中国共産党においても同様であった。一九二一年中国共産党が成立した直後から、中共が力を入れて指導した都市の労働運動はことごとく軍閥の軍事力によって壊滅させられた。農民運動もまた武装した地主との闘争だけではなく、軍閥との闘争をも展開しないでは発展することができなかった。一九二二年九月に陳独秀（一八八〇〜一九四二）は「真の中華民国を創造する」には「真の国民軍」＝革命的軍事力が必要であると唱えていた（陳独秀「造国論——以真正国民軍創造真正民国」『嚮導』第二期、一九二二年九月）。しかし中共は孫文ほどにはその必要性を強く意識していなかった。中共が独自の軍事力の必要性を死活の問題として認識するようになるのは、二七年の国共分裂以後、国民党蔣介石の攻撃にさらされて以後のことである。南昌暴動に始まりその後の活動によって独自の軍事力を建設したことが、蔣介石の攻撃のもとで中国共産党を生き延びさせた最大の条件であり、独自の支配地域を確立し得た根拠であったことは多言を要しないであろう。そしてその軍事力の必要性が、優れた軍事的才能をもつ毛沢東をして中国共産党の指導的地位に押し上げることを可能とした要因でもあったのである。

鄧演達と軍事工作　政党と軍事力との結び付きの重要性については、鄧演達（一八九五～一九三一）の創立し指導した中国国民党臨時行動委員会においてもみられるところである。鄧演達は蔣介石の独裁支配に反対し、「平民革命」を実行するための「武装闘争を十分に重視した」。一九三〇年八月臨時行動委員会の第一回幹部会議において、鄧は「軍事第一」のスローガンを提出し、軍事力のもつ重要性を指摘するともに軍事工作を進めることを確認した。また八月末には「軍事運動方針」を定め、その中で「革命運動の中では、武力は非常に重要な地位を占め」、「進歩的な武力がなくては初歩的な闘争を起こすこともできない」として、武装闘争を展開して「根拠地を獲得し、その発展を図る」との方針を確立した。そして鄧は黄埔軍官学校以来の人脈を通じて、独自の軍隊の設立とかれに同調する軍人の結集に乗り出したのである（中国農工民主党中央党史資料研究委員会編『中国農工民主党的奮闘歴程』〔中国文史出版社、一九九〇年〕八八～九〇頁、および邱銭牧前掲六二二頁）。鄧のこの活動は蔣介石を極度に恐れさせた。そのことは蔣介石がかれを人知れず逮捕し、秘密裏に処刑して葬り去ったことによって明らかである。

国民党の一党独裁政治の成立以後は、都市の大衆的政治運動も軍事力と結び付かないではその目的を達成できない状況が、より一層強められていたことは明らかである。

四、「政党政治」への新しい動き

民族的危機による全政治勢力の結集

一九三一年九・一八事件にはじまる民族的危機の深まりは、中国における政党状況を大きく変えた。九・一八事変以後の中国の政治状況は民族的危機にどう対処するかが主要な課題となった。その課題にこたえて、抗日救国運動の民衆組織が自発的に作られ、抗日運動の自由とそれに必要な言論と組織の自由を求めて、国民党の独裁的支配に対決する民衆の動きが活発化してきた。それらの民衆組織は「政党」ということはできないが、「非政党的な政治組織」、「非政党的な政治勢力」ということができるであろう。それは民族的な課題の追求を通して国民党の一党独裁と対決し、それを否定していく契機となったのである。三五年末の抗日救国運動のたかまりと統一戦線運動の高揚とは、「非政党的な政治勢力」の結集を促し、国民党の一党独裁に対決する民主主義運動の主体を形成するものであった。しかしこの運動が成功するためには、西安事件にみられるように軍事力の支援が必要であったことは明らかである。

国民参政会と憲政運動　盧溝橋事件にはじまる日本帝国主義の全面的な侵略に対する抗日戦争の全国的な展開は、この政治状況を一層強めるものとなった。一九三八年に招集された国民参政会は民主的な代議制の組織でもなく、民衆の意志を政治に反映させ得る真の機構でもなかったが、国民党の訓政体制のもとで抑えられていたすべての政党および非政党的政治勢力に合法的に活動できる場を提供して、「訓政体制」を突き崩す民主運動の主体の形成の契機となった。三九年、抗戦体制の強化と「憲政」を要求する参政会内の動きの中から生まれた「統一建国同志会」、さらにその発展として、四一年、国民党の一党独裁への反対と統一戦線の維持による抗日戦への取り組み強化を要求する中から生まれた「民主政団同盟」は、その後の民主運動の発展の直接的な主体となるものであった。それらは政権党である国民党およびその対極にある中国共産党以外の「政党」と「非政党的政治勢力」とを結集させた第三の政治勢力であり、国民党と共産党のあいだにあって両者を結び付ける一定の役割を果たし得るものと期待されていた。

一九四四年における憲政運動と民主主義運動の発展は、この第三の政治勢力を「政党的」役割をもった勢力に引き上げた。同年九月に成立した「中国民主同盟」がそれである。その後の民主同盟は中共と歩調を合わせて、「連合政府」の樹立を要求することによって、自らの政治的立場の確立を図るとともに、国民党の「訓政体制」そのものを否定するにいたった。

抗戦勝利後の「建国」をめぐる二つの道　抗日戦争末期から戦後にかけての「建国」の構想は、「訓政」体制の維持か、「憲政」への移行かをめぐる重大な政治的争点となった。このような政治状況の中でアメリカの戦後世界への構想とも関連して、中国における全政治勢力による政治会議が一九四六年一月「政治協商会議」として開かれた。ここで決定された五項目の決議は国民党の一党独裁制を否定し、すべての政治勢力による民主的な政治、議会制にもとづく政治への移行を予想させるものであった。こうして四五年末から四七年にかけて、中国における政党の第二の簇生の時期を迎えるにいたった。この時期に結成された政党と政治団体の数は三〇以上にのぼっている（中国第二歴史檔案館編『国民党統治時期的小党派』〔檔案出版社、一九九二年〕参照）。中国民衆が議会制の民主政治をいかに切望していたかをこの数字は示している。

しかし蒋介石国民党はこの民衆の切望を無視して、政治協商会議が決定した五項目の決議を反故にし、国民党の一党支配の体制を維持すべく中国共産党に対する大規模な武力攻撃＝内戦を始めるにいたった。こうして国民党によって「政治協商会議」の決議は否定され、議会制への展望は葬り去られ、国民党一党支配の体制が軍事力＝内戦によって継続・維持されることとなった。しかし抗日戦争と民主主義運動を経過した民衆の政治的経験は、以前と同様な国民党の一党支配を許すことはなかった。それ故国民党がその一党支配の体制を維持しようとするならば、いくらかの「民主的」外見をとりつくろわねばならず、国民党以外の党派をも政権に参加させねばならなかった。一九四八年三月、青年党と民社党の一部などを参加させて南京政府が改組された。しかしその見せかけにもかかわらずこの政府は「訓政」体制（国民党一党独裁の支配体制）の変形以外の何物でもなかった。一方、軍事的にも中共を中心とした軍事力が蒋介石の攻撃に対抗し、これを粉砕した。

こうして「訓政」体制に反対し「政治協商会議の路線」を維持・継続させようとすることは、武力によって国民党の「訓政」体制を打破することと一体化することになり、中共の軍事力と民主同盟などの第三の政治勢力の政治闘争との共同が現実化した。そして一九四六年の「政治協商会議の路線」を維持し継続することは、単に四六年の政協路線の維持・継続に止まらず、蔣介石国民党の体制そのものの否定に結び付くものとなった。こうして国民党の支配に替わる新たな体制を展望した新しい政治協商会議の設立が必要とされることとなったのである。この要請にこたえて、中共は国民党の一党支配の命運がみえてきた四八年のメーデー・スローガンの中で「新政治協商会議」の招集を提起した。中共のこの呼びかけは、民主的政治勢力によってもろ手をあげて歓迎された。

新しい政治体制への胎動　国民党政権の崩壊と軌を一つにして、一九四八年秋から「新政協」の設立に向けての準備がなされた。この「新政協」は新しい権力機構を創設する役目をもたされ、「人民代表大会」に代わり得る全国人民を代表する組織と位置付けられ、政党の代表だけではなく各層、各界、各地域を代表するメンバーも含まれることとされた。それは〃党派会議〃として開かれた「旧政協」とは根本的に異なる政治的位置付けを与えられ、全人民を代表するものと位置付けられた。従ってそこには人民解放軍の代表、各解放区の代表、各人民団体の代表がそれぞれの社会層を代表するものとして、〃政党〃代表とは別に参加したことによって、構成メンバー中に占める中国共産党員の比率は圧倒的なものとなった。それは中国共産党の社会的基礎の広さの反映であり、それ以外の党派の社会的基盤の狭さに起因するものではあったが、中共の比重を決定的にした要素が中共のもつ軍事力にあったことは否定できないところである。こうして「中国共産党の指導性」が確立された（中国人民政治協商会議誕生記事暨資料選編『五星紅旗従這里升起』〔文史資料出版社、一九八四年〕参照）。それによって、かつて党派会議としての「旧政協」の主体であった「政党」は、中国共産党を除いては、「新政協」の中では「政党」にふさわしい位置を占めることができなくなっただけではなく、それらの党派自身が「新政協」の準備の段階で中共の「指導」を受け入れることを表明するにいたり、中共への従属的地位が確定的になったのである。「新政協」は約一年の準備を経て四九年九月に招集され、中華人民共和国を成立させた。

五、人民共和国における政党状況

中国共産党治下の政党　中華人民共和国の成立以後の政党状況は、「新政協」の成立時に確立した「政党」の政治的地位（＝中国共産党指導下の一種の大衆団体としての性格）をさらに強める以外の何物でもなかった。

一九四九年一二月に開催された民主同盟の四中全会の決議は、中共の指導下の「政党」がいかなるものであるかを明瞭に示している。民盟の四中全会はこれまでの「盟章」を改めて民盟の性質を「小資産階級の知識分子を中心とした政治連盟である」とし、その政治的任務と政治目標である綱領については「中国人民政治協商会議の共同綱領を民主同盟の綱領とする」と、独自の綱領をもつことを放棄し、「中国共産党の指導を懇ろに受け入れる」ことをも明らかにしたのである（「中国民主同盟四中全会拡大会議宣言」『知識分子的光明道路』〔光明出版社、一九五二年〕四頁）。これはすでに独自な政治的目標と政治的役割をもった独立した政党であるとはいい得ず、「中国共産党の指導」というのは、実質的には、中共の他の「政党」に対する支配に外ならないものであった。

中国が朝鮮戦争に参戦して以後、中共はこれらの「政党」に対して、人民共和国成立後抑えていた組織拡大を許可し、それに従って一九五〇年末から五二年にかけて各民主党派はそれぞれの会議を開いて組織の拡大を決定したが、それは次のような制限のもとに行われたのである。民主同盟についてみるならば、同盟員の拡大の対象を「小ブルジョア知識分子」とし、「文教界を主要な分野とする」ことに限定するとともに、組織拡大の活動をしてはならない分野として、「人民解放軍（公安部隊、軍事機構、軍事学校および軍事企業を含む）、情報機関、革命《ママ》大学、および外交部門」、さらには「少数民族地区」をも組織拡大禁止の対象としていた。また地域的にも組織の発展をなし得る対象としては、大・中都市に限り、小都市には（農村部はもちろんのこと）組織を発展させてはならないとしたのである（于衡『中共怎様対待民主党派？』〔友聯出版社、一九五三年〕一一頁）。

　組織の対象として特定の階層をあげているのは、民主同盟だけではなく、他の民主党派についても同様であった。民主建国会は「民族工商業者」を組織拡大の主な対象とし、組織の発展を「第一等・第二等の大都市に限り、部隊および外交界と少数民族地区では組織を発展させることができない」としていた（同前一四頁）。民主促進会でも、その組織の発展は「中小学校の教員と文化出版工作者を主とする」ものと限定し、人民解放軍などの部隊や軍事機関、少数民族地区での組織発展はしないことを決議していた（同前一六～一七頁）。その他の民主党派もすべて同様である。このことは中共の〝指導〟というものが、その他の「政党」を従属下におくというにとどまらず、組織的にもその自由な発展を禁ずるものであったことを示している。

中共の政党支配の方法＝二重党籍

中共の他の「政党」に対する支配の方法はこれに止まるものではなかった。中共中央は一九五〇年三月第一回全国統一戦線工作会議を招集し、民主党派を「熱烈に援助し、これを団結させ進歩させる」（朱健華・宋春主編『中国社会主義時期政党史』吉林大学出版社、一九八八年）七頁）ことを決定し、「党員に民主党派への参加を呼びかけた」（方敬「共産党員為什麼参加民盟」『知識分子的光明道路』四二頁）。この呼びかけに応えて民主同盟に加入したある中共党員は、その目的を次のように述べている。「人民の国家にあっては、二つの党にまたがって加入することは人民の利益と革命の利益のためであり、共産党員がプロレタリアートを代表して民主党派に参加することは、革命の要求に合致するものである」と（同前）。民主同盟以外の他の民主党派についても同様であった。つまり中共党員が民主党派の構成員として加入し、「二重党籍」をもつことは、民主党派の中に組織的にも思想的にもいまだに不純な状況があり、「社会的な作用も極めて悪い」という状況があると中共が認めたから、民主党派の「思想的水準を高め、共同綱領を自覚的に遂行させるため」に必要であると理由付けられたのである（「中国民主同盟四中全会拡大会議宣言」『知識分子的光明道路』一一頁）。それはかつて第一次国共合作において孫文の「大党主義」によって、中共党員が国民党に個人の資格で加入せざるを得ず（二重党籍）、その方法で国民党内に影響を及ぼし、国民党を活性化させたことを思い起こさせる。しかし中共が圧倒的な力を持ち支配勢力となった段階と、かつての小勢力であった時期とでは決定的な違いがあり、一九四九年以後においては、どのような理由があるにしろ、中共党員の他党への加入は他党（民主党派）の独自性と独立性を奪い、それを中共の〝指導下〟（支配下）におこうとするものであったことは否定できないのである。ここにも中共の他党（民主党派）に対する支配の一形式をみることができる。しかもこの中共の他党（民主党派）に対する組織的支配は「統一戦線」の一形態として行われていたことが特徴である。

このような中共支配下の政党状況を反映して、「二重党籍」を許し、中共の強力な支配下にある民主党派が、「政党」であるのかそれとも「統一戦線の組織」であるのかという論争は、長いあいだ、民主同盟の中で続けられた。それは民主同盟員から出される当然の疑問であったといってよいであろう。その論争に対して、一九五一年一二月の「全国組織宣伝工作会議」の総括では、民主同盟は「階級連盟の性質をもった政党」であり、「統一戦線的性質をもった政党」であると規定して、基本的には「政党」であることを確認し、論争に一応のけりをつけた（「中国民主同盟組織宣伝工作会議討論総括」中国民主同盟中央文史委員会『中国民主同盟歴史文献一九四九－一九八八』〔文物出版社、一九九一年〕二六四～二六五頁、なお拙著『中国民主同盟の研究』〔研文出版、一九八三年〕第七章参照）。この規定のあいまいさの中に、民主同盟の苦渋があり、中共支配下の「政党」の悲哀が秘められているといえるであろう。

本来、統一戦線とはいくつかの党が独立性をもち、対等・平等の関係にたって行われる協力・共同のことである。第一次国共合作においてみられた共産党員の国民党への加入といい、一九四〇年代後半の民主同盟の三党三派の合体と個人加盟の混合という組織形態といい、一九五〇年の中共党員の民主党派への加入といい、「党内合作」あるいは「二重党籍」という形での統一戦線を可能にした条件は中国における政党の未成熟さによるものであろう。そして政党の未成熟性は社会の近代化の未熟さによって規定されているのである。

中共の「指導」への批判と毛沢東の独裁へ　中国共産党のこのような〝指導〟に対して、一九五六年、中共と民主党派の「長期共存・相互監督」が叫ばれ多少の〝自由化〟が進められた時期に、民主党派の側から政治的自由と組織の独立を要求する動きが出てきた。上海市の民主同盟の主任委員は『人民日報』紙上の論文において、「政治的自由は組織的独立によって保証され、組織の独立は政治的自由の先決条件である」と主張し、その政治的自由とは「憲法の範囲内で、自らの願望にしたがって政治的方向・路線・政策原則などを選択する」ことの自由であり、政治協商会議からの脱退、中共の指導の拒否をも含むものであると、大胆な自由化の要求を提出した（沈志遠「論〝長期合作、相互監督〟」『人民日報』一九五六年一一月二〇〜二一日）。

しかし一九五七年春、毛沢東（一八九三〜一九七六）が中共党内の民主派への攻撃を意図して展開した「百花斉放・百家争鳴」の運動（李志綏『毛沢東の私生活』〈文芸春秋社、一九九四年〉第二〇章）の中で民主党派からの中共党への批判が噴出すると、中共は反撃を開始し（「反右派闘争」）、その中で民主党派の民主化を要求したすべての人々と中共党内の五％の党員を「右派分子」として処分し、その過程で一九五六年に展開された「民主的な論理」もことごとく否定され尽くした。それ以後、すべての民主党派からの中共への批判的意見は聞かれなくなった。これまで外見だけでも保たれていた民主党派の「政党」としての地位と役割とは完全に喪失させられたのである。

批判勢力としての他党の存在を許さぬ一党独裁の体制はこの「反右派闘争」を通じて確立されたが、それはまた自らの党内からの批判をも許さぬ非民主的な体制を形成する端緒であった。一九四五年の第七回大会で毛沢東の党内における特別な地位が承認されたといわれ、共和国成立以後、毛沢東の数々の独断的行為が存在していたが、この時以後、蔣介石がかつてそうであったように、毛沢東もまたかれの「個人独裁」の体制を確固としたものに作り上げた。これ以後、毛沢東はかれの政策がいかに誤っていようとも、それに対する批判を許さず、批判者のすべてを打倒せずにはやまないという挙に出ることになる。文化大革命がまさにその極致を形成するものであり、毛の「個人独裁」の体制はここに極まったのである。この文化大革命と称する毛沢東の「個人独裁」の体制が中国人民にいかに大きな被害を及ぼしたかは、記憶に新しいところである。

毛沢東死後の政党状況　一九七八年一二月、一一期三中全会において鄧小平（一九〇二〜一九九七）の指導する新しい体制に進んだ中国の政党状況は、一九九〇年代に入って、「中国共産党の指導による多党協力の政党体制」であり、それは「わが国の政治制度の特徴であり長所である」と言明されるようになった（「中共中央関于堅持和完善中国共産党領導的多党合作和政治協商制度的意見」『人民日報』一九九〇年二月八日付）。しかし現実には毛沢東時代の政治状況の本質は改められず、中共の一党独裁体制が継続しているだけでなく、依然として鄧小平の「個人権威体制」のもとでの政治運営がなされているのである。

このような政治状況の中で、現在では「多党協力」の一員とされている民主党派は「〝民族ブルジョアジーと上層の小ブルジョアジーを代表する政党〟から、〝それぞれがつながりを持っている社会主義労働者と社会主義を擁護する愛国者の政治連盟〟に転化した」（呉江・牛旭光前掲二五七頁）と規定されるようになっている。「政党」から「政治連盟」に転化したという規定の変更のなかに、民主党派が中国政治のうえにもっている地位と役割のこれまで以上の後退があるであろう。

六、中国における政党状況の展望

中国社会の反映としての政党　政党がその社会の産物であり、階級の利益を代表し、階級闘争の中で生まれてきたものである以上、その社会の性質と社会のあり方に規制されることは当然である。近代中国における政党の特質――政党の未成熟さ、武装力の保持、統一戦線における独自の形態――などは、基本的に中国社会のあり方、性質に規定されているのである。近代の中国社会は帝国主義に支配され、封建的諸要素が社会のすみずみにまでその支配力を及ぼしている前近代的特質が濃厚な社会であった。民族ブルジョアジーは脆弱であり、労働者階級も圧倒的に少数であり、社会の大半を占めるのは農村人口であり、農民であるという状況である。このような社会状況は中国の近代政党にも大きな影響を与えざるを得ず、近代中国における政党の性質も中国社会の近代化の未成熟性を色濃く反映したものであった。中国社会の前近代性はまた中国政治の非近代性をも規定し、中国国民党の統治の時期においても、中国共産党の統治の時期においても、その基本的特質を変えてはいない。

ただ中国共産党の統治のもとでは、全国人民代表大会という形での「議会」は存在し、普通選挙も実施されるなど、人民大衆の意見が反映されるという形式になってはいるが、それは実質的にはソ連における一党独裁制度を模倣したものであり、中国共産党が人民の意志を代行するという〝代行主義〟によって、中共の一党支配を支える外皮の役割をもっているに過ぎず、最近では若干の変化がみえてきてはいるが、基本的には人民大衆の政治的要求を正しく反映させる役割を果たすものとはなっていない。また中国共産党以外の七つの民主党派が、それらの「党」が代表する階層の要求を代弁していないことも明らかである。このような「議会制度」は〝社会主義においては共産党がすべてを指導する〟という中国共産党の政治理念にもとづくものである。こうして中国国民党の統治以来の「以党治国」、「以党代政」の政治形態は、中国共産党の支配下においても同様であり、むしろ強化されてさえいる。この二つの政党の統治がそれぞれ異なった形態をとりながらも、一党独裁の本質では同様であるというところに、人民大衆が政治の主体となり得ず、政治と人民大衆が乖離しているという、中国社会の前近代的性質をみることができ、中国社会の近代への障害の大きさを確認することができるであろう。

政党政治への今後の展望　最近の中国の情勢は経済的には急速な発展がみられ、資本主義化への傾斜が目立っている。この経済の資本主義的発展を根拠にして、中国の民主化が進むであろうとの見方も出てきている。そして民主党派という形の「政党」も、その経済的発展を背景にして、政治の「近代化」、「民主化」に対して、なにほどかの役割を果たし得るのではないかという期待をもつ人々もいる。しかしこれらの「政党」はすでに政党としての機能を失い、政治的な役割を果たし得る組織ではなくなっているのである。それ故、この民主党派という「政治組織」に今後の中国社会と中国政治の変化を担い得るものと期待をかけることはできないであろう。

近代中国における政党は、中国社会の前近代的な古いしがらみを完全に克服できず、中国社会の前近代性の影響のもとで、非民主的な一党独裁の政治形態をとりながらも、民族の独立と全民族的な統合を成し遂げて統一した独立国家を作りあげたという点では、大きな役割を果たしたということができ、そこにこそ中国近代の政党の役割があったということができるであろう。

第六章　中国の「社会主義」と民主主義

はじめに

中国国内で一時期評判になったテレビ番組『河殤』は、中国文明の衰退と滅亡の危機にたいする非常に強い危機意識を反映するものであり、黄河に託した中国文明の世界＝中国そのものに対する極めて強い愛着の精神に満ちあふれているものである。それは中国文明の衰退と滅亡の要因を中国の封建制と儒教道徳に求め、この社会体制が改められないかぎり最近の大動乱である「文化大革命」のような悲劇は起こり得るし、中国の政治・経済・文化・思想の近代化がなければ、悲劇が再演されないという保証はないというのである。

そこに流れる中国文明に対する切々たる思いは、基本的に一九世紀から二〇世紀にかけての中国の植民地化の危機にたいして、中国の滅亡からの救出を訴えた清末の知識人の思想とほとんどおなじものである(1)。『河殤』の作者たちは、清末の知識人たちが西洋文化の発展の要因を、社会契約にもとづく個人の潜在能力の発揮と資本主義的発展に求め、それに近づこうとしたのと同様に、今後の中国の発展の鍵を、急速な工業化と中国の政治体制と社会体制の民主化に求めているのである。作者たちはその可能性を「黄河の流れ」に象徴されるもののなかに求めようとしている。その「黄河の流れ」を、伝統的な中国文明にたとえることもできようし、中国人民にたとえることもできよう。ただそこに今後の中国の可能性を見ようとしていることは確かであるといってよい。このような中国の命運に強い危機意識をもち、その解決の方向を探し求めている精神は、これを「新しいナショナリズム」ということができるであろう。しかもそれはきわめて強烈なものである。

このようなナショナリズムがはたして中国の「社会主義」の現状を変革し、自由と民主主義を中国にもたらすことができるのであろうか。それはこの一世紀のあいだ中国の知識人が国の存亡の危機のなかで、その救済の道を探ってきた方法ではなかったのか。そしてその帰結として、中国革命を実現し、「社会主義」の中国を出現させたのではなかったのか。しかもその「社会主義」は、かれらが予想したような「自由で民主主義的な」ものではなかったのである。そして今また、かれらは「自由と民主主義」の中国の出現を期待して、その方法を「ナショナリズム」に求めているように思われる。

一、整風運動下の自由と民主

中華人民共和国が成立して以後、中共の政策や理論にたいして梁漱冥や胡風など、個々の人の批判的意見が提出されたことはあったが、知識人の多くのものがいっせいに中共の政策とその活動の仕方に対して強烈な批判を展開したのは、一九五七年の〝整風運動〟が初めてであろう。この時の知識人と民主党派人士の批判の論点は多岐にわたっているが、その基本点は、「学問・思想の自由」＝「学問・思想にたいする党の支配の排除」であり、「政治制度の民主化」＝「以党代政の取りやめ」である。そしてそれを保障するための手段としての「法体系の確立」＝「憲法の遵守、法の前での平等」である。

批判の主たる内容は中共の支配の方法と形態にたいするものであり、「自由」も「民主」もまだ中共の支配と矛盾するものであるとの自覚には乏しいものであった。わずかに儲安平のみが「党の天下」の思想を問題にし、「プロレタリア独裁（＝党の独裁）という政治制度に問題がある」として、中国共産党の支配にすべての問題の根源があると論じたのであった。しかもこの時の批判の活動は本来的に〝上〟から〝放〟されたもので、一か月にもみたない短い間に〝収〟されてしまったため、問題の根源はそれほど深く突き詰められないうちに終わりを告げたのである。(2)

しかしそれにもかかわらず、中共側からの反撃は厳しく、もともとは「言う者は無罪である」として始められたこの運動のなかで、真面目に意見を出した人々はことごとく〝右派分子〟のレッテルを貼られ、政治的に失脚させられ、あるものは農村に追いやられ、あるものは強制労働にかりだされていった。このような政治的処置だけでなく、理論的な面での反撃もすばやく、強烈に展開された。知識人などの批判的意見にたいする中共の驚きの大きさを、このなかに見ることができよう。中共側の〝右派分子〟にたいする理論的反論として出版された小冊子『民主と自由』は、青年を対象にして、何人かの著名な知識人を動員して多方面にわたって「民主と自由」について論じ、〝整風運動〟のなかで出された知識人などの批判的意見にたいして反論をくわえている。そのなかに注目すべき幾つかの重要な論点が提起されている。論者の一人、許広平（魯迅夫人）は自由と民主主義について次のように論じている。「個人の自由とはまず第一に国家の統一、独立と一つに結びついているものである」と、国家の自由独立と個人の自由との一体性を説いていた。またさらに「我々の今日の民主はブルジョアジーの〝民主〟とは本質的に異なっているのであり、われわれの民主は全人民のものであり、民主であることは集中でもあり、集中的指導のもとでの民主である。個人の自由は集団の範囲内の自由である。右派分子は民主が必要で、集中は要らないとして、民主集中制に反対し、プロレタリア独裁に反対して、実質的に中国を過去の悲惨な道に引き戻そうとするものである」とも述べていた(3)。

このように個人の自由を国家の自由と結びつけ、自由の範囲を集団の許容する範囲に閉じ込めようとする論理は、解放前の半植民地中国の民主的勢力に見られた論理であったが(4)、ここでもまたその論理が前面に出てきているのを見ることができる。しかもこの議論の特徴は、自由と民主主義を主張する勢力が中国を過去の革命前の半植民地中国の状態に逆戻りさせようとしているとの論断をおこなって、それらの勢力を攻撃していることである。つまりそれは、解放前の状態がよいのか、解放後の状態がよいのか、半植民地中国か独立の中国かという選択を強いる論理であり、その根底にはナショナリズムが色濃く存在していたということができるであろう。

自由と民主主義を要求する勢力が現在の状態のあり方を問題にしているのに対して、解放前との対比でその問題を論じることがこの段階ではまだ可能であったのである。

また政治的にも、この〝整風運動〟はそれに参加した勢力が一部の高級知識人と民主党派人士に限られ、社会的広がりに欠けていたため、中共側からの反撃に、いとも簡単につぶされてしまったのである。しかしこの時の〝放鳴〟は、その過程で民主党派の中心人物が数多く弾圧され、本来的に協力共同の関係にあるべき批判的勢力を徹底的に弾圧し尽くし、中共の独裁体制をいっそう強固にし、非民主的な状況をさらに推し進めたという点で、中国「社会主義」の民主的発展にたいして重大な否定的役割をもたらすものであった。と同時に、意味もなく弾圧された中共党員も多数にのぼったことは、中共のいう〝民主〟＝「プロレタリア民主主義」の実態を明らかにし、党内外の批判的勢力を大きくし、より強固な民主と自由を要求する勢力を育てる結果となったという点でも重要な意味をもつものであった。

二、自由と民主の論理の深化

一九五七年の〝整風運動〟が民主と自由を要求する多くの知識人の声を封じることによって終息したことは、その後の党の独裁的支配をさらに強めるものとなった。一九五八年には「政治の基本方針の決定及び具体的業務の部署は、全て一元化し、党政不分でなければならない」と規定し、この指導のもとで「党政不分」「党法不分」「党の忠実な道具となる」「全党が鉄鋼をつくる」「全党が食料を生産する」などの考え方やスローガンが生み出された。つまり「党が一切を請け負い、一切に干渉するという傾向が顕著に表された」のである。また「党が政府業務の一部を請け負うこととなった」ともいわれる(5)。そしてその直接的な帰結として大躍進運動がもたらされ、さらに人民公社運動へとすすみ、その失敗の必然的結果として中国共産党指導部内の対立を引き起こし、「文化大革命」といわれる内乱状態がもたらされたのであった。

その過程で人民大衆の自由と民主的権利が大々的に弾圧されたことは、一九五七年当時とは比べものにならないほど広範な人民大衆の間で中国共産党の権威を失墜させた。「文化大革命」にあらわれた事態にたいする批判として、一九七三年、李一哲（王希哲）による「社会主義の民主と法制について」なる論文が著された。それは、中国共産党の支配を「封建的性格をもった社会ファシズム専制」であるとし、「とりわけ林彪に体現された強烈な封建制と家父長制は封建制への反対こそわれわれの継続革命の一つの重要な内容であることをまさに明らかにしている」と、封建制への反対こそが現在の主要な課題であるとしたのである。つまり民主主義の獲得の課題を「民族の独立と統一」という課題とは無関係なものとして提起したのである。このことは思想的・理論的には大きな進歩といわなければならない。そして王希哲はその民主の内容についても、「人民大衆が党の各級の指導に対して革命的な監督をおこなう権利」と、明確に規定したのである。(6)

この論文の思想は毛沢東の死後、文革派と反文革派との党内闘争を背景として一九七八年頃から始められた論争のなかで、「封建的残滓の除去」という民主主義論として受け継がれた。さらに一九七九年のいわゆる〝北京の春〟といわれる時期には、反文革派の闘争を有利に展開させるために大量の壁新聞として貼り出された大字報によって、毛沢東の独裁にたいする批判と封建的専制主義の除去の要求が「封建的ファシズム独裁反対」として大きく高まったのであった。(7) この〝北京の春〟の言論活動が反文革派によって上から使嗾されたものであったとしても、そこに示された自由と民主主義への要求の強さと、それを要求する社会的な幅の広がりは、中国でこれまでに見ることのできなかった広範囲のものであった。しかしこの〝北京の春〟は反文革派が一一期三中全会前の中央全体会議で勝利の見通しがつくと、たちまち抑えられ、三中全会において、今後の課題が「四つの近代化」であるとの方針が確立すると、広範な人々の自由と民主への要求は再び抑圧されたのであった。

この抑圧の理論的根拠は鄧小平による七九年三月の党の理論家会議における講話に示された「四つの基本原則の堅持」であった。四つの基本原則の提示はかつてのようにナショナリズムに訴えることがこの段階ではもはやできず、理念的な論理を打ち出さざるを得ない状況に立ち至っていることを示すものであった。そしてその中身は「共産党の指導の堅持」に集約されるものであり、それは四月五日の『人民日報』の社説によって明らかにされた。同社説は「党の指導的役割」を一面的に強調し、民主主義は「集中的指導のもとでの民主主義である」ことを強調したのである。それは鄧小平の講話による「中国人民が必要とする民主とは、もっぱら社会主義の民主、人民の民主のことであって、ブルジョアジーの個人的民主ではない、人民の民主は、敵にたいする独裁とは切り離せず、民主をふまえた集中とも切り離せない」という民主主義の内容を制限する理論を踏まえたものであった。鄧小平の講話はさらに「個人の利益は集団の利益にしたがい、局部の利益は全体の利益にしたがい」と、個人の権利の問題を〝個人の利益〟の問題にすり替えて論じるという歪曲までおこなって、人民の民主的な権利にたいする抑圧の論理としたのである。(8)

しかし鄧小平にとってはどうにもならない矛盾が存在していた。それは「四つの近代化」の実施が必然的に「新しい状況、新しい問題をつっこんで研究」しなければならないという命題を必要とするものであり、この両者の間に存在する避けることのできない矛盾であった。一方で自由と民主主義に制限を加え、他方でそれを突き崩すおそれのある自由な精神の発揮を要求せざるを得ないところに、かれの論理の最大の弱点があった。したがってこの弱点をついて民主と自由についての理論化の動きが広がっていくことは避けられなかったのである。

大衆的な運動としての民主化を要求する動きは、七九年一一月の末以後、封殺されてしまっていたが、理論戦線の面では文化大革命の評価をめぐる動きとしても、近代化を推し進めるための「思想の解放」という意味からも活発に展開されることとなった。それは三月までに弾圧された民主化要求の動きに乗じた文革派からの巻き返しにたいする鄧小平派の反撃としても必要であったのである。それを象徴的に示すものが、五月五日の『人民日報』の社説「思想を解放し、自分の道を歩もう」であろう。こうして民主主義についての議論は主として理論上の問題として論じられることになるのである。ここで重要なことはこの討論の過程で、民主主義についてこれまでになく理論的な深まりが進んだことである。

その特徴の一つがこれまで全面的・徹底的に否定されてきたブルジョア民主主義にたいして一定の評価を与えるようになったことである。その論点は、ブルジョア民主主義と社会主義的民主主義のあいだには「互いに関連するところがある」。それは「自由・平等・人権」を語っていること、両者が歴史的なつながりをもっていること、ブルジョア民主主義の具体的形式が社会主義的民主制にも受け継がれ得ることである。(9) このようにブルジョア民主主義を肯定的に評価したことは、解放後の中国においては画期的なことであった。このような理論の根底にある考え方は、文化大革命の時代に「封建的ファシズム独裁」の支配を可能にした封建的な諸要素が、解放後の中国においても依然として十分に克服され得ていず、ブルジョア民主主義的要素に乏しいことにあったからだとの理解にたつものであった。

この時期に展開された民主主義論のもう一つの論点は、「言論の自由」という問題であった。「言論の自由は人民大衆の基本的で最低の民主的権利である」。「人民大衆が主人公になり、国家の大事を管理しようとするならば、言論の自由は不可欠の権利である」。さらにこの言論の自由は「人民大衆が自らの闘いによって闘いとったものであり、……いかなる人の恩恵でもない」とも論じられた(10)。ここにはすでに「党の指導」のもとでの言論の自由＝「党の指導」のもとでの民主主義という発想はどこにもないだけでなく、その論理にたいする批判があり、拒否の姿勢があった。

七九年後半にはいって、政治情勢に一応の安定が見られた状況を背景にして、民主主義の理論活動も一定の高まりを見せていたが、一〇月の魏京生にたいする裁判を契機にして権力の側からの反撃が再び強まった。一〇月二六日の『光明日報』は「人権問題について」なる論文を発表して、「人権」は「四つの原則」の下でのものであり、物質的条件と文化的水準という歴史的制約があるものであることを承認せよと論じ、それを契機に自由・人権・民主の議論は新聞紙上から姿を消した。

しかし八〇年八月、鄧小平が「党と国家の指導制度の改革について」なる講話で党と政府の人事の改革と行政問題の改革を提起してから、民主的改革への理論的活動がふたたび展開されはじめた。八〇年一〇月の廖蓋隆による「庚申改革案」の提起は一つの典型的な例ということができるが、同じころに実施された『光明日報』の体制改革討論会において、厳家其は、国家制度のなかに封建主義的な性格が根強く残っていると指摘して、根本的な改革の必要性を提起したのであった[11]。それらの動きを反映して、八〇年一一月『人民日報』は「社会主義的民主主義の問題について」なる論文[12]を掲載し、政治制度の改革についての幾つかの具体的な提案をおこなった。それらは「党・政の分離」、「企業・事業体の自主的権限の拡大」、「法体系の整備」などであり、制度的な面での一定の改革を示すものであった。それが実施されれば民主化への一定の前進であることは事実であったが、しかし多くの民主活動家と人民大衆が要求している民主主義と人権の尊重などの内容とは遠くかけ離れたものであった。人民大衆が要求したものはそれらの制度や法律の実際の実現であり、それらの民主的な制度や法律をいとも簡単に踏みにじってしまう中国共産党の一党独裁の支配体系の是正にあったのである。

七九年から八〇年にかけて論じられた民主主義の理論の特徴は、民主主義の問題を民族の自由と独立の問題との関係で論じるという観点から離れ、純粋に民主主義の問題として論じられるようになったことである。それは大きな進歩であったといえる。また封建的な残滓にたいする闘争にたいしても目を向け始めたことである。それは八〇年八月の鄧小平の講話が、党の指導のなかに封建的な残滓の影響が存在していることを指摘し、さらにその影響は社会関係のうえで同族意識や身分意識として、上級と下級・幹部と大衆の間の「身分の不平等」、「公民としての権利と義務の意識が希薄なこと」、経済領域での「体制と作風」、ナワばりをめぐらすこと、文化の領域で専制主義の作風が見られることなどに現れていると述べていたことに由来するものと思われる[13]。

中国において民主主義が実現できるか否かは、「党の指導」にたいする闘いと同時に、封建的なもの、前近代的なものへの闘いが重要な位置を占めるのである。文革中の毛沢東の「指導」に典型的に見られたように、この「党の指導」も前近代的なものに寄りかかっておこなわれているのである。したがって中国における民主化の実現は、どれだけ自覚的にこの前近代的なものへの闘いを挑み得るかにかかっているといってよいであろう。

三、民主化運動の発展とその論理

七期三中全会の後、経済的な発展をめざす政策の実現の必要から、沿海経済開放地区の設定や人民公社の解体をはじめとする文革以前のさまざまな制約が取り払われ、生産請負制というかたちで企業と個人の利益を追求する経済体制が次々と進められていった。それによって生産の増大と人民生活の向上とが各方面で見られた。それに対応する制度的な手直しが、八二年九月の中共一二回大会の胡耀邦報告「国家の政治体制と指導体制の改革」として表わされ、八二年から八三年にかけての国務院の機構改革として実施された。この動きと歩調を合わせるかたちで、民主主義的な制度に関する理論的な研究も一部の人々の手によって進められた。この理論的究明のなかで、「封建専制主義の徹底的清算」「民主集中制の再検討」「立法・司法機関の党からの独立」などの意見も噴出しはじめていた。民主主義にむけての理論的追求はかなりの程度まで進んできていたといってよいであろう。しかしこれらの改革意見は未だに現実のものとはなっていない。

鄧小平の主導のもとに進められた「改革・解放」といわれる政策の実施は、一定の経済的・物質的発展をもたらすとともに、社会的矛盾をも増大させた。貧富の格差の増大、社会的弱者の出現、企業幹部と官僚層の腐敗・汚職現象の増大、インフレの進行などがそれである。それらの事態の発展は、大躍進と文化大革命によって広範な国民から見放されつつあった中国共産党と政府にたいする人々の信頼をさらに大きく失わせていくこととなる。社会的矛盾の増大と、一方で民主化の進展が進まないという現実は多くの知識人と学生のなかに、今後の中国の事態がどうなるのかという不安をまきおこさざるをえなくさせた。そのような状況を反映して、一九八六年末から八七年の初めにかけて、学生を中心とした民主化を要求する運動が展開されたが、この運動は学生だけの運動として進められ、その他の階層との連携を欠いたため、簡単に弾圧されて瞬く間に運動は消え去った。それが原因で〝革新派〟に属するとみられていた胡耀邦が中国共産党主席を解任された。このことは民主と自由の実現の必要性の認識が中国共産党の指導的部分にまで及んでいることを示していた。したがって学生の民主化運動を弾圧しただけでは、事態の何らの解決にもならなかった。

経済改革の急速な進展は一九八八年の一年間に二〇％の物価の高騰をまねき、社会的な動揺をもたらすこととなった。それは同時に腐敗現象を社会の多くの分野にまで広げ、社会不安をもかきたてることとなった。これにたいして知識人の一部は政治の民主化によって、官僚層の腐敗を追及することが緊急に必要だとして、政治の民主化を要求する動きを強め、八九年初めから、フランス革命二〇〇周年、五・四運動七〇周年を意識して、民主化を要求する声を上げはじめていた。そのなかで中央政治局会議の席上、不正腐敗を追及していた胡耀邦が心臓発作で倒れ、四月一五日に死去するという事態が発生した。これをきっかけにして、胡耀邦の追悼から、「李鵬の無能政府の打倒」、「民主と自由をうちたてよう」、「封建・独裁主義打倒」などをスローガンにする北京の大学・高校生の大衆行動が始められた。民主主義と自由の問題は八〇年代前半からの理論的解明の段階から、実践の段階に進みはじめたのである。これ以後、六月四日の武力弾圧に至るまで、約一か月半にわたって、学生と知識人を中心にした民主と自由を求める運動が粘り強く展開されることになる。

この運動はこれまでの解放後の中国の民主運動に見られたことのないものであったということができる。その運動の目標は「各種の腐敗現象」を解消することのできる「真の民主的政府をうちたてる」ことにおかれ、運動の目的は「幹部階層に存在する深刻な腐敗現象とわが国の経済を大きく混乱に陥れている役人ブローカー現象を政府が一掃するのを促すため」であるとされた。ここで重要なことは、「我々は決して党の正しい指導に反対しているのではなく」、「依然として共産党の正確な指導を堅持しており、反対するのは共産党内の不正確な指導の部分に対してである」。「まさに我々の党が提出しているところの〝党政分離〟という正しいやり方を実現しようとしているのである」として、この運動が党と党の指導の否定ではなく、党のなかにある不正な部分とそれを容認している部分を排除しようとするものであって、政府と党とにたいして全面的に敵対するものでないことをことわっていたことである。それは運動に対する無用な弾圧を避ける意図から出ていると同時に、党指導部内における分裂という事態を反映するものであり、その間隙をぬって目的を達しようとしていたといってよいであろう。またこの文面はこの運動が党外大衆の運動であるというよりも、党指導部にたいして批判的な党員を指導の中核にした運動であることを示しているといってよいであろう。それは学生の自治組織の合法性を要求した文書の次のような文言によっても明らかである。われわれは学生の自治組織の合法性が獲得されたならば、「すぐにでも運動の重点を政治体制改革へと移し、執政党の民主的指導の改善を援助していく必要がある。執政党内の現代化意識のある指導者や幹部、一部の党員の協力と同盟をかちとり、強化する[14]」。

中国共産党のある部分がこの運動を指導していたことはその戦術の巧みさからもうかがえる。したがってこの運動は単純に、学生大衆の民主主義を要求した自然発生的な運動であると見ることはできず、民衆と党との矛盾を認識し、党の支配の非民主的なやり方にたいして批判的な党員による民主化運動が主要なものであって、それが民衆の不満を代弁していたことによって、民衆を広範に引きつけ大きな民衆運動として発展したものと見るべきであろう。

ところでこの運動に終始一貫して流れている思想的な根拠は何であろうか。その要求の中心が民主化と権力内にある腐敗の一掃にあるのはもちろんであるが、その根底にあるのは国家の前途、民族の運命に対する強い危惧の念である。そのことはこの運動の性質を「愛国学生運動」とか「平和請願愛国運動」といったり、「全国各界救国連合会を設立し」、「広範な愛国民主統一戦線をつくり」などといっているところに端的に示されている。また学生の運動を支持して出された知識人の声明文も、この運動が「党と政府の高級幹部が」「ただ上層における権力闘争に気をとられて民族の利益と国家の前途を重んじない局面を形成したところにある」（傍点引用者）といい、この運動が「愛国的で、憲法に適っており、現代化に対する強大な推進力であり、五四精神を継承しており」、「愛国の伝統と憂いの意識に富んだ中国の知識分子」の運動であると述べているところからも知られる。そしてその「愛国」の目的とするところは、「政治的に民主的で、経済的に発達した現代化された国家を建設する」ところにおかれていたのである。

伝統的に中国における民主運動は、「愛国」と密接に結びついたかたちで「民主」を実現しようとしたところに大きな特徴があった。それは一九世紀末以来の伝統的な中国知識人の思考様式であり、運動の形態であった。その様式が「社会主義」の中国になっても変わっていないということを、この運動のなかにも見ることができる。なぜ中国においては「民主と自由」の要求を、それ独自の要求として提出するのではなく、「愛国」と一体のものとして提起しなければならないのか。それは中国人にとっては一九世紀末以来、国家の運命こそが、また国家の発展こそが最大の課題として意識され続けてきたということとかかわっているからであり、中国革命の実現がナショナリズムのなかでしかありえなかったという事実に根ざしているからである。(15) そして中国の立ち遅れの原因こそは、封建遺制の存在と封建的な束縛にあると考えられてきたからにほかならないのである。それは北京大学の一学生のビラの次の一節からも明らかであろう。「中国は世界発展の大きな流れから取り残されてしまった。人民は封建的家父長制度に手足をしばられてしまっている。覚醒した中国人民は決して再び封建的王朝交替を許してはいけない。封建的独裁者は必ず人民の権力を人民に返さなくてはならない」。また民主活動家の次のような言論もある。「中国の貧窮落後の根本原因は、中国が、長期にわたり人々の主体性、積極性を圧迫するような一大制度から脱却しえなかったことにある」[16]。

かつて七九年の〝北京の春〟における民主化の論理は「封建的ファシズム独裁反対」、「秦の始皇帝反対」であり、「民主権・民生権・人権の実現」であり、封建的支配に反対することが民主主義の実現であって、それが「愛国」「国家と民族の前途」と直接的に結び付くという意識はなかったといってよい。それが八九年の民主化運動のなかではなぜ「民主」と「愛国」は結び付くに至ったのか。それは七〇～八〇年代にアジア＝ニーズ諸地域の急速な経済的発展が、中国の後進性、経済的な立ち遅れの実態、「貧窮落後」の状態を強烈に印象づけ、多くの知識人に危機の意識を喚起したことによると見てよいであろう。そしてかれらはその危機の要因を、中国の封建性と非民主性にあるととらえたのである。したがって彼らの論理からは、民主化はそれによって中国の近代化を早め、中国の後進性を救い、「自由・民主・富強・統一の中国が世界の東方に毅然とそびえ立」つことを可能にさせる最良の方法ということになるのである。かくて学生の民主化を要求する運動は、中国の危機と立ち遅れを救い得る当面の最も重要な運動となったのである。だから彼らの民主化運動は「愛国的な」運動とされるのである。

これに対して、弾圧する側の論理も、この運動が「中国共産党の指導をくつがえ」すこととならんで、「社会主義の中華人民共和国を転覆することにあった」と断罪し、国家を前面に押し出して対決する姿勢を示していたのである。そして今後の方針として、「愛国主義の……教育の展開に努める」ことを標榜して「愛国主義＝国家主義」の立場を強調したのである。権力者の側も、それに対抗して民主化を要求する側も、ともに「国家の命運」をかかげ、「国家と民族の前途」に思いを馳せるという民族主義をその根底にもっているのである。

四、「ナショナリズム」の新たな強調

民主化運動のなかで克服されるべきものとされた封建的遺制とは何であろうか。それは「封建的独裁」といわれるような中国共産党の支配もその一つではあろうが、単にそれだけではない。鄧小平も指摘しているように社会関係に残っている「同族意識や身分意識」であり、宗族制の残滓とそれを容認するイデオロギーの存在であろう。そして中国共産党もこれにたいしては十分な闘争を展開してきたとはいい難い。むしろ中国共産党の支配もここに寄りかかってきたという一面もあったのである。それゆえ文革期から鄧小平時代にかけて、中共の支配力の弱化と末端での動揺の深まりにつれて「封建宗族勢力が台頭し、よからぬ作風と気風が広まっている」(17)といわれ、「伝統的自律性の空間が再生している」ともいわれる状況が現出しているのである。(18)しかも最近では農民の匪賊化がかなり広範囲におよび、軍事施設や鉄道・農場を襲撃する事件がたびたび起こっているとの情報もある。また「黒社会」(闇社会)の復活・勢力拡大の傾向も幾つかの大都市を中心に出てきているともいわれ、それが「裏の権力」を構成しているともいわれている。(19)これらの事実は権力の弱体化と支配の困難さを示すものであるが、そこには中国社会の前近代性と立ち遅れた一面が端的に示されているといってよいであろう。

このような状況にたいして、国民的な統合をめざすとすれば、現在のところ「国家と民族の富強・繁栄」

を前面に掲げることでしかありえないであろう。鄧小平戦略の要《カナメ》をなす経済的な発展の目的もまさにそこにあるのである。しかし現実の事態は経済発展の追求が各省ごとの発展をめざすセクト的な方向に行きつつあることは、分散性を強めるものとなっていることを示している。

これまで見てきたように、中国における思想状況は、解放以後も一貫してナショナリズムがその根底に横たわり、それが政治的危機に遭遇すると、かならず表面化するというところに特徴がある。このナショナリズムは六・四の弾圧以後も消滅したのではなく、ソ連の崩壊という事態をむかえて、むしろ強まる形跡をさえ示している。

ソ連崩壊後の世界の動向にどのように対処するかを論じた『中国青年報』理論指導部の論文「ソ連政変後、中国の現実的対応と戦略的選択[20]」は、次のようにいう。「〝平和演変〟に反対する戦略の中で、民族主義、愛国主義に重点を置き、人民、国家、民族の利益を強調すべきである」。「中国の伝統文化を創造的に転化すれば、社会主義制度を保ち、国家と民族の利益を保護し、近代化を推進するための豊かな精神的資源になる」。「中国の儒家の伝統における集団主義、自分より他人を優先する倫理道徳、……の気概は、いずれも社会主義近代化建設、特に後進国が発達国を追い越すために不可欠な価値観の源である」。「過去のイデオロギーはすでに相当部分の大衆にとって、求心力をかなり失いつつあり、……同時に、中国の特殊な国情と愛国主義には普遍的な説得力がある」。「われわれの社会主義精神文明は、……社会主義、伝統文化、愛国主義と近代化の種々の精神文明の有機的な結合である」。

ここに述べられている論理は、〝新保守主義者〟といわれる者の主張であるが、以上からも明らかなように、愛国主義と伝統文化への回帰を強烈に訴えるものであった。この〝新保守主義者〟はその後凋落したといわれるが、最近の中国の国際的な動向のなかに中国の国益の異常なまでの追求が目につくようになっている。

尖閣列島の領有の主張、西砂群島への武力的進出、ベトナムのトンキン湾への海底油田を求めての進出、そしてそれらの動きを保障しようとする海軍力の増強にともなう軍事費の突出（九三年度予算で前年度比二〇％の増）などは、いずれも中国の国益を追求した「愛国主義」、「民族主義」の現れであり、それは「国家主義」に通ずるものである。そして重要なことは、中国のこのような動きが東アジアにおける緊張を生み出しているという事実であろう。かつての反帝国主義の進歩的な中国ナショナリズムは、いまや排他的・侵略的な対外膨張のナショナリズムに転化しつつあり、「社会主義」中国はいまや東アジアにおいて、平和への脅威に転化しつつあるのである。

国内では六・四の武力弾圧に見られたように、人民大衆の民主主義と自由と人権にたいして、極端に強圧的であるだけでなく、対外的には隣接諸国にとって平和への脅威としてしか存在し得なくなっているところに現在の中国「社会主義」の特徴があるといえる。

む す び

これまで見てきたように、中国では清末以来一貫してナショナリズムが基調をなしてきた。そして最近では、「新保守主義」に見られるようにこのナショナリズムが、「伝統文化」を積極的に評価して、それを民族的な統合の柱にしようとする動きも出てきている。八〇年代の民主と自由を求めた運動のなかにも、明らかに「愛国」を至上の旗印として掲げて、それを挺子にして民主と自由を獲得しようとする動きがあったのである。このことは、民主と自由の要求も中国においてはそれが直ちに、個人の自由、個人の人権の確立に至るものではないことをしめしているといわねばならない。また民主主義への要求も、封建制への闘争の重要さが理解されてはいても、いまだにそれが中国社会のすべての部分において達成され得ていないだけでなく、すでに見たように封建的なイデオロギーへの回帰の動きさえある。

はたして伝統的なイデオロギーに寄りかかって、中国の近代化・民主化ができる可能性があるのだろうか。伝統的な旧い中国から解き放たれた時にのみ、中国の近代化も民主化も実現し得るのではなかろうか。伝統的な封建的イデオロギーを克服した時にのみ中国の近代化への発展の道は切り開かれるのではなかろうか。

中国共産党第一四回大会が提起した「社会主義市場経済」の方針は、この中国社会に自由競争の原理をこれまで以上に浸透させ、若干の国有企業の存続や中央集権的な共産党の指導は温存されるとはいえ、中国経済の全体を利潤追求の方向に向かって突っ走らせることは明らかであろう。そのなかで自由と民主はどうなるのかということである。市場経済になれば利潤の追求という競争原理から、個人主義が浸透して自由と民主主義は大きく発展するであろうという説がある。確かにヨーロッパにおいてはそのように歴史は発展した。しかし中国においては事態はそれほど簡単ではない。

中国では利潤の追求が個人の利益追求というかたちをとったとしても、それはいつの間にかその個人を中心に血縁・地縁関係で結びついた〝集体的個人主義〟とでもいうべきかたちのものへとすすむ可能性をもっているのである。この〝集体的個人主義〟は伝統的な封建意識と封建的な社会関係を基盤にしているものであり、近代的な個人主義には容易に発展し得ないものである。それはまた、国家権力とは相対的に独立した中国特有の社会関係の存在に依拠したものである。したがって中国においては自由と民主主義の追求のためには、中国共産党の専制的な支配に対する闘いだけではなく、中国特有の封建的な社会関係にたいする独自の、また自覚的な闘いなくしては不可能であろう。それがどのような層によっておこなわれ得るのかについては予断を許さないが、これまでの中国の民主運動の例からするならば、それは中共内部の民主主義にたいして自覚的部分の批判活動として展開され、都市の知識人層の呼応によって社会的な広がりをもつに至るであろう。

すでに見たように、最近の中国の近代化＝工業化を追い求める性急な動きは資源の確保を求めて、明らかに国家主義的性向を示しはじめており、他民族への攻勢的侵略的なナショナリズムへと変わっていきつつある。それを支持する社会階層（農村と都市における企業家層など）が生まれつつあることの反映でもあろう。それは周辺諸国への脅威となりつつあると同時に、この国の人民に対する民主と自由への圧迫要因ともなりうることをしめしている。

以上から明らかなように、中国における「社会主義」の前途は、人民大衆に民主と自由を保証し、人権を確立し得た本来的な意味での社会主義にむかって進むにはさらに多くの困難が横たわっており、民主と自由の実現、人権の確立については長くて遠い道程を歩まねばならぬであろうことが予想されるのである。

注

（1）B・シュオルツ・平野健一郎訳『中国の近代化と知識人』（東京大学出版会、一九八〇年）参照。
（2）本書第三章参照。
（3）青年共産主義者編集部編『民主与自由』（中国青年出版社、一九五七年）一九六～一九七頁。
（4）拙著『中国知識人と民主主義思想』（研文出版、一九八七年）第三章参照。
（5）龐松・韓鋼「党と国家の指導体制についての歴史的考察および改革の展望」（『中国社会科学』一九八七年六期、西村成雄訳『現代社会主義社会の新動向』大阪外国語大学一九八九年度特定研究Ⅱ・研究報告書所収）。
（6）「李一哲の大字報」（『李一哲の大字報』日中出版、一九七七年）参照。
（7）「北京の春」の言論については、渡辺俊彦編『中国自由への鼓動』（日中出版、一九八一年）参照。またこの間の事情については、阮銘『中国的転変』（鈴木博訳、社会思想社）に詳しい。
（8）「四つの基本原則を堅持しよう」『鄧小平文選一九七五～一九八二』（東方書店、一九八三年）二四九頁。
（9）呉家麟「関於社会主義民主的若干問題」（『人民日報』一九七九年六月一九日）。
（10）張顕揚・王貴秀「言論自由」（『読書』一九七九年、第九期）。
（11）『光明日報』主催の「首都部分理論工作者討論会」での発言、同紙一九八〇年一〇月一六日所収。
（12）馬文彬「闘於社会主義民主問題」（『人民日報』一九八〇年一一月二四～二五日）。
（13）「党と国家の指導制度の改革について」『鄧小平

文選』四四七頁。

(14) 一九八九年の民主運動とその言論については、西村成雄他編『中国――民主と自由の軌跡』(青木書店、一九八九年)六二～六三頁、七三頁参照。

(15) この点に関して、奥村哲氏は中国の社会主義が抗日戦争中のナショナリズムに基礎をおくものだと指摘している。傾聴に値する意見である(一九九三年度歴研大会現代史部会報告)。

(16) (14)に同じ。

(17) 天児慧「構造的変動を始めた政治社会」(岡部・毛里編『改革・開放時代の中国』日本国際問題研究所、一九九一年)。

(18) 西村成雄「中国社会主義の政治空間と現実空間」(『アジアの人びとを知る本』④所収、大月書店、一九九二年)二三〇～二三一頁。

(19) 「鄧小平後の〝騒乱〟に備える中国」(『選択』一九九三年五月)。

(20) 中国青年報理論指導部「ソ連政変後、中国の現実的対応と戦略的選択」(『日中経済協会会報』一九九二年七月)四五頁。

(一九九三年六月四日　天安門事件四周年記念日に)

あとがき

私が中国史研究を志して東洋史学科に進んだのは、一九五四年である。その時から、すでに五〇年近くが過ぎている。私が中国への関心を持った理由は、高校生の時期に知った中国革命の破竹のような進展ぶりと、その結果、中国大陸に中国共産党の指導する新しい国家が出現したことにあった。この時に言われた「新中国」という言葉は胸をわくわくさせるような響きを持っていた。そして、ひどく遅れていると考えられていた中国になぜあのような革命が成功したのか。中国の人々がどうして中国共産党の周囲に結集して行くことができたのか。その理由と必然性を知りたいというところに、中国に対する関心がかきたてられたのである。また「散砂」とも言われた中国の民衆を一つにまとめて、あの広大な中国に統一した国家を創り上げ、一〇〇年にもわたる植民地状態から抜け出ることに成功した中国共産党の偉大さとその方針の卓越さに魅せられた。これが私が中国現代史の研究を専攻することにした理由である。

しかし当時の東大東洋史学科には「五〇年をたたないうちは、評価が定まらないから歴史研究の対象とはならない」という不文律があり、現代史は歴史ではないといった雰囲気があった。それにもかかわらず中国現代史を専攻し、卒業論文にも一九二〇年代の農民問題をテーマとしてとりあげたのは、以上のような点に理由があったのである。

この時期、現代史を専攻して研究を進めることの最大の難題は、どのような史料があり、その史料がどこにあるのかを探すことであった。そのようなかで二〇年代の農民運動を卒業論文のテーマとしてとりあげたのは、当時、中国でこの時期の史料が新たに出版されて、入手できたからであった。その後、中国研究への関心は、三〇年代の統一戦線の問題へと移って行った。それは日本の情勢が統一戦線の問題を大きな政治課題としていたことと関係している。しかし最大の関心は、最初に中国への関心を抱くことになった、中国革命の最終段階で中国の民衆がどのようにして革命に結集して行ったのかという点から離れることはなかった。そこで一九六〇年代の後半からは、抗日戦争中から戦後にかけての中国の第三勢力（＝中間層）の動向を研究の主要なテーマとすることとした。それには、一九六〇年代中頃から、戦後中国の雑誌などが復刻されて、史料が入手しやすくなったことにも理由があった。彼ら中間層が何ゆえに革命に結集し、中国共産党に引き付けられて行ったのか、その動向のなかに中国革命成功の一つの鍵があるのではないかと考えたからであった。

私が大学と大学院で研究を進めている時期には、中国は国内的な発展でも国際的な活動の面においても、しごく順調であり、「新中国」の前途は洋々たるものであると感じられた。それ故、私は中国共産党の方針と毛沢東の理論は絶対的に正しいと考えていた。しかし時が経つにつれて、中国国内の情勢は、私が当初考えていたような単純なものではなく、非常に複雑で、理解に苦しむような状況が存在していることも分かってきた。順調であるように見える状況の陰には、多くの隠された問題があるのではないかと考えさせる問題が幾つか起こっていた。最初のショックは、「高崗・饒漱石反党同盟事件」であった（「胡風反革命事件」には、それほど大きな衝撃は受けなかったように記憶している)。なぜこのような事件が起こるのか。一枚岩の団結を誇る中国共産党のなかに何ゆえに「反逆者」が出るのだろうか、甚だ大きな疑問であった。その時には政策と方針の違いが根底にあるとは夢にも考えられなかった。その後、「百花斉放・百家争鳴」から反右派闘争への急速な転換、その結果としての大躍進政策の遂行から人民公社への政策の進展によって、鉄鋼生産と食糧生産の急速な発展があったと報じられ、中国の社会主義化は中国共産党の指導の下で順調に進んでいると考えていた。また国際的にはこのころから表面化してきた「中ソ論争」のなかで、中国共産党はソ連共産党の理論に対して、より「原則的な論理」を展開しているように思われた。そのことによって、中国共産党の理論こそがますます正しいものと考えた。

しかし六〇年代に入ると、あれほど大躍進で食糧生産が増大したと言われたのに、食糧事情の悪化が進んでいるという事実などを知るに及んで、多くの点で中国共産党の政策や主張のなかに、そのままでは信じられない何かがあると感じられるようになった。このころから、私の中にあった中国共産党や毛沢東のすべてを正しいと見るという絶対的な信奉に陰りが出て来た。中国と中国共産党に対して、批判的・分析的に見なければならないと感じるようになったのである。そして六〇年代中頃には、中国の内部、中国共産党の内部に重大な何かが起こっていると感じるようになっていた。しかしそれが何であるかは全く想像もつかなかった。六六年になって「文化大革命」が始まると、その事態をどのように見たらよいのか、全く見当もつかず混乱した状態に陥った。日本のジャーナリズムは、「文化大革命」を「大衆自らがたち上った真の民主主義」だとか、「共産党の官僚的支配に対する民衆の真の〝革命〟だ」とかとさかんに喧伝し、

「文化大革命」を天まで持ち上げていた。この時、日本の中国研究者、特に中国現代史研究者のうちの幾分かは、「文化大革命」の評価をめぐって、右往左往する状態であったと言ってよい。わたし自身も大混乱に陥って、しばらくの間、中国研究を続ける自信をなくし、研究を放棄する状態になった。この混乱した状況に、一つの正確な方向を与えてくれたのは、日本共産党の一九六七年一〇月一〇日の論文「今日の毛沢東路線と国際共産主義運動」(いわゆる一〇・一〇論文)であった。この時から中国共産党と毛沢東に対する見方が大きく変わったと言うことができる。客観的、批判的に見ることができるようになったのである。したがって「文化大革命」に対しても、これは「民衆の真の革命」などというものではなく、中国共産党の党内闘争であり、毛沢東派の青年学生を利用した反乱に過ぎないとの見方をすることができるようになった。七一年になり、林彪事件が起こり、さらにその後の「四人組」と言われる毛沢東派の政治的動向は、明らかに政治的な混乱以外の何物でもないことが明確になった。このような経過を経て、中国共産党とその政策及び中国の政治に対しては、冷静で批判的で鋭い分析と客観的な洞察によって見なければならないと考えるようになった。無批判的な中国研究から、批判的・客観的な中国研究への脱皮がこのような過程を経て、私の中に培われて来たのである。中国研究への意欲も再び持てるようになった。

こうして私の中国研究の課題は、当初の中国への関心の出発点であった中国民衆の動向の一部である〝第三勢力〟の動向を中心とした中国民衆の中国革命への結集を中心にして、それとかかわって中国共産党の政治主張を問題とするというものになっていったのである。以上が、私が中国現代史研究を志してから今日までの約五〇年にわたる研究の経過である。

ここに収録した論文はいずれも、中国共産党の政治主張・政治方針に対する批判的な立場からの研究であり、私のその後の研究の成果の一部である。これらの論文はこの二五年の間に、幾つかの雑誌や単行本に書いたものである。このうち最も早い時期に書かれたものは、一九七六年のものであり、最も最近のものは二〇〇〇年に書かれたものである。その間、約二五年に及ぶ。この間、中国国内にも、国際情勢の面にも大きな変化があったし、それに伴って著者の思想的な面においても変化があったのは当然のことである。したがって、現在の時点から見れば、分析が不十分なところもあり、理論的にも十分論じられていないところもあり、当然のことながら変更すべき点も存在する。

しかしここではそれらの不十分さも特に手を入れず、明らかに事実と違うと思われる部分と、文章表現上の不適切な箇所に限って手を加えるに止めて、そのままの形で収録することにした。それはその文章が書かれたときの著者の思想や考え方がそのまま表され、読者の批判にさらされた方がよいと考えたからである。

以下に、各論文の初出の雑誌と論文名と時期を上げて置く。

序章は、今回新たに書き加えたものである。

第一章は、「プロレタリアートの革命指導権の承認から「指導」の承認へ――第三勢力の政治的転換（三）――」（西南学院大学『文理論集』第二二巻第一号　一九八一年八月）。

これは中国の第三勢力が戦後の情勢の中で、その政治的態度と方針を変更し、革命の方向を受け入れるに至る過程を論じた「第三勢力の政治的転換」の第三論文である。
第二章は、「内戦期、中国の自由主義者をどう捉えるか」（中国現代史研究会『現代中国研究』第七号　二〇〇〇年九月三〇日）
これは関西の中国現代史研究会の合宿で依頼されて行った報告をまとめたものである。
第三章は「〝整風運動〟と中国知識人の動向」（『中国研究』第七六号一九七六年一〇・一一月合併号）
第四章は、「最近の中国民主化運動の展開と民主主義論の特徴」（西南学院大学『文理論集』第二三巻第一号、第二号　一九八二年八月、一九八三年二月）
これは福岡で発行されていた同人雑誌『耕野』第四号に概要を掲載したものに、大幅に手を加えて一年後に論文として完成したものである。
第五章は、「中国の民主主義と〝多党制〟の問題」（『歴史評論』第四八二号　一九九〇年六月）
これは九州歴史科学研究会のシンポジウムで行った報告「天安門事件と中国の民主主義」をもとに、補足整理したものである。
第五章の付論は、池田誠・上原一慶・安井三吉編『中国近代化の歴史と展望』第一二章「中国近代政党論」（法律文化社　一九九六年四月）
これは中国の「多党制」の問題とは直接的には関係するものではないが、中国近代の政党の状況を明らかにするものとして、ここに収録した。
第六章は、「中国の〝社会主義〟と民主主義」（『歴史評論』第五二二号一九九三年一〇月）

本書の出版に当たっては、山根幸夫先生と汲古書院の坂本健彦氏にお世話になった。あつく御礼申し上げる。

二〇〇三年一〇月一日

著者紹介

平野　正（ひらの　ただし）

1933年長野県上田市に生まれる。

1956年東京大学文学部東洋史学科卒業。

1959年同大学院修士課程修了。

1960年法政大学第二高等学校教諭。

1977年西南学院大学文学部国際文化学部助教授・教授。

1999年同大学退職。同年西南学院大学名誉教授。

1999年大東文化大学国際関係学部教授現在に至る。

文学博士
1977年『中国革命の知識人』（日中出版）

1983年『中国民主同盟の研究』、1987年『中国知識人と民主主義思想』、1988年『北京12・9運動』、2000年『中国革命と中間路線問題』（共に研文出版）

汲古選書38

中国民主化運動の歩み
――「党の指導」に抗して――

二〇〇三年一〇月　発行

著者　平野　正
発行者　石坂叡志
印刷所　富士リプロ

発行所　汲古書院
〒102-0072　東京都千代田区飯田橋二－五－四
電話〇三（三二六五）九七六四
FAX〇三（三二二二）一八四五

ISBN4－7629－5038－6　C3322

KYUKO－SHOIN, Co, Ltd. Tokyo

汲古選書

既刊38巻

1
言語学者の随想
服部四郎著

わが国言語学界の大御所、文化勲章受賞・東京大学名誉教授故服部先生の長年にわたる珠玉の随筆75篇を収録。透徹した知性と鋭い洞察によって、言葉の持つ意味と役割を綴る。

▼494頁／本体4854円

2
ことばと文学
田中謙二著

京都大学名誉教授田中先生の随筆集。

「ここには、わたくしの中国語乃至中国学に関する論考・雑文の類をあつめた。わたくしは〈ことば〉がむしょうに好きである。生き物さながらにうごめき、またピチピチと跳ねっ返り、そして話しかけて来る。それがたまらない。」（序文より）

▼320頁／本体3107円　好評再版

3
魯迅研究の現在
同編集委員会編

魯迅研究の第一人者、丸山昇先生の東京大学ご定年を記念する論文集を二分冊で刊行。執筆者＝北岡正子・丸尾常喜・尾崎文昭・代田智明・杉本雅子・宇野木洋・藤井省三・長堀祐造・芦田肇・白水紀子・近藤竜哉

▼326頁／本体2913円

4
魯迅と同時代人
同編集委員会編

執筆者＝伊藤徳也・佐藤普美子・小島久代・平石淑子・坂井洋史・櫻庭ゆみ子・江上幸子・佐治俊彦・下出鉄男・宮尾正樹

▼260頁／本体2427円

5・6
江馬細香詩集「湘夢遺稿」

入谷仙介監修・門玲子訳注　幕末美濃大垣藩医の娘細香の詩集。頼山陽に師事し、生涯独身を貫き、詩作に励んだ。日本の三大女流詩人の一人。

▼⑤本体2427円／⑥本体3398円　好評再版

7
詩の芸術性とはなにか

袁行霈著・佐竹保子訳　北京大学袁教授の名著「中国古典詩歌芸術研究」の前半部分の訳。体系的な中国詩歌入門書。

▼250頁／本体2427円

8
明清文学論
船津富彦著

一連の詩話群に代表される文学批評の流れは、文人各々の思想・主張の直接の言論場として重要な意味を持つ。全体の概論に加えて李卓吾・王夫之・王漁洋・袁枚・蒲松齢等の詩話論・小説論について各論する。

▼320頁／本体3204円

9
中国近代政治思想史概説

大谷敏夫著　阿片戦争から五四運動まで、中国近代史について、最近の国際情勢と最新の研究成果をもとに概説した近代史入門。1阿片戦争2第二次阿片戦争と太平天国運動　3洋務運動等六章よりなる。付年表・索引

▼324頁／本体3107円

10
中国語文論集　語学・元雑劇篇
太田辰夫著

中国語学界の第一人者である著者の長年にわたる研究成果を全二巻にまとめた。語学篇＝近代白話文学の訓詁学的研究法等、元雑劇篇＝元刊本「看銭奴」考等。

▼450頁／本体4854円

11 中国語文論集 文学篇 太田辰夫著

本巻には文学に関する論考を収める。「紅楼夢」新探／「鏡花縁」考／「児女英雄伝」の作者と史実等。付固有名詞・語彙索引

▼350頁／本体3398円

12 中国文人論 村上哲見著

唐宋時代の韻文文学を中心に考究を重ねてきた著者が、詩・詞という高度に洗練された文学様式を育て上げ、支えてきた中国知識人の、人間類型としての特色を様々な角度から分析、解明。

▼270頁／本体2912円

13 真実と虚構―六朝文学 小尾郊一著

六朝文学における「真実を追求する精神」とはいかなるものであったか。著者積年の研究のなかから、特にこの解明に迫る論考を集めた。

▼350頁／本体3689円

14 朱子語類外任篇訳注 田中謙二著

朱子の地方赴任経験をまとめた語録。当時の施政の参考資料としても貴重な記録である。「朱子語類」の当時の口語を正確かつ平易な訳文にし、綿密な註解を加えた。

▼220頁／本体2233円

15 児戯生涯 一読書人の七十年 伊藤漱平著

元東京大学教授・前二松学舎大学長、また「紅楼夢」研究家としても有名な著者が、五十年近い教師生活のなかで書き綴った読書人の断面を随所にのぞかせながら、他方学問の厳しさを教える滋味あふれる随筆集。

▼380頁／本体3883円

16 中国古代史の視点 私の中国史学(1)

堀　敏一著　中国古代史研究の第一線で活躍されてきた著者が研究の現状と今後の課題について全二冊に分かりやすくまとめた。本書は、1時代区分論　2唐から宋への移行　3中国古代の土地政策と身分制支配　4中国古代の家族と村落の四部構成。

▼380頁／本体3883円

17 律令制と東アジア世界 私の中国史学(2)

堀　敏一著　本書は、1律令制の展開　2東アジア世界と辺境　3文化史四題の三部よりなる。中国で発達した律令制は日本を含む東アジア周辺国に大きな影響を及ぼした。東アジア世界史を一体のものとして考究する視点を提唱する著者年来の主張が展開されている。

▼360頁／本体3689円

18 陶淵明の精神生活 長谷川滋成著

詩に表れた陶淵明の日々の暮らしを10項目に分けて検討し、淵明の実像に迫る。内容＝貧窮・子供・分身・孤独・読書・風景・九日・日暮・人寿・飲酒　日常的な身の回りに詩題を求め、田園詩人として今日のために生きる姿を歌いあげ、遙かな時を越えて読むものを共感させる。

▼300頁／本体3204円

19 岸田吟香―資料から見たその一生

杉浦　正著　幕末から明治にかけて活躍した日本近代の先駆者―ドクトル・ヘボンの和英辞書編纂に協力、わが国最初の新聞を発行、目薬の製造販売を生業としつつ各種の事業の先鞭をつけ、清国に渡り国際交流に大きな足跡を残すなど、謎に満ちた波乱の生涯を資料に基づいて克明にする。

▼440頁／本体4800円

20
グリーンティーとブラックティー
中英貿易史上の中国茶
矢沢利彦著　本書は一八世紀から一九世紀後半にかけて中英貿易で取引された中国茶の物語である。当時の文献を駆使して、産地・樹種・製造法・茶の種類や運搬経路まで知られざる英国茶史の原点をあますところなく分かりやすく説明する。
▼260頁／本体3200円

21
中国茶文化と日本
布目潮渢著
近年西安西郊の法門寺地下宮殿より唐代末期の大量の美術品・茶器が出土した。文献では知られていたが唐代の皇帝が茶を愛玩していたことが証明された。長い伝統をもつ茶文化―茶器について解説し、日本への伝来と影響についても豊富な図版をもって説明する。カラー口絵4葉付
▼300頁／本体3800円

22
中国史書論攷
澤谷昭次著
先年急逝された元山口大学教授澤谷先生の遺稿約三〇篇を刊行。東大東洋文化研究所に勤務していた時「同研究所漢籍分類目録」編纂に従事した関係から漢籍書誌学に独自の境地を拓いた。また司馬遷「史記」の研究や現代中国の分析にも一家言を持つ。
▼520頁／本体5800円

23
中国史から世界史へ　谷川道雄論
奥崎裕司著　戦後日本の中国史論争は不充分なままに終息した。それは何故か。谷川氏への共感をもとに新たな世界史像を目ざす。
▼210頁／本体2500円

24
華僑・華人史研究の現在
飯島　渉編　「現状」「視座」「展望」について15人の専家が執筆する。従来の研究を整理し、今後の研究課題を展望することにより、日本の「華僑学」の構築を企図した。
▼350頁／本体2000円

25
近代中国の人物群像
――パーソナリティー研究――
波多野善大著　激動の中国近現代史を著者独自の歴代人物の実態に迫る研究方法で重要人物の内側から分析する。
▼536頁／本体5800円

26
古代中国と皇帝祭祀
金子修一著
中国歴代皇帝の祭礼を整理・分析することにより、皇帝支配による国家制度の実態に迫る。
▼340頁／本体3800円　好評再版

27
中国歴史小説研究
小松　謙著
元代以降高度な発達を遂げた小説そのものを分析しつつ、それを取り巻く環境の変化をたどり、形成過程を解明し、白話文学の体系を描き出す。
▼300頁／本体3300円

28
中国のユートピアと「均の理念」
山田勝芳著　中国学全般にわたってその特質を明らかにするキーワード、「均の理念」「太平」「ユートピア」に関わる諸問題を通時的に叙述。
▼260頁／本体3000円

29 陸賈『新語』の研究

福井重雅著

秦末漢初の学者、陸賈が著したとされる『新語』の真偽問題に焦点を当て、緻密な考証のもとに真実を追究する一書。付節では班彪『後伝』・蔡邕『独断』・漢代対策文書について述べる。

▼270頁／本体3000円

30 中国革命と日本・アジア

寺廣映雄著　前著『中国革命の史的展開』に続く第二論文集。全体は三部構成で、辛亥革命と孫文、西安事変と朝鮮独立運動、近代日本とアジアについて、著者独自の視点で分かりやすく俯瞰する。

▼250頁／本体3000円

31 老子の人と思想

楠山春樹著

『史記』老子伝をはじめとして、郭店本『老子』を比較検討しつつ、人間老子と書物『老子』を総括する。

▼200頁／本体2500円

32 中国砲艦『中山艦』の生涯

横山宏章著　長崎で誕生した中山艦の数奇な運命が、中国の激しく動いた歴史そのものを映し出す。

▼260頁／本体3000円

33 中国のアルバ―系譜の詩学

川合康三著　「作品を系譜のなかに置いてみると、よりよく理解できるように思われます」（あとがきより）。壮大な文学空間をいかに把握するかに挑む著者の意欲作六篇。

▼250頁／本体3000円

34 明治の碩学

三浦　叶著

著者が直接・間接に取材した明治文人の人となり、作品等についての聞き書きをまとめた一冊。今日では得難い明治詩話の数々である。

▼380頁／本体4300円

35 明代長城の群像

川越泰博著

明代の万里の長城は、中国とモンゴルを隔てる分水嶺であると同時に、内と外とを繋ぐアリーナ（舞台）でもあった。そこを往来する人々を描くことによって異民族・異文化の諸相を解明しようとする。

▼240頁／本体3000円

36 宋代庶民の女たち

柳田節子著

「宋代女子の財産権」からスタートした著者の女性史研究をたどり、その視点をあらためて問う。女性史研究の草分けによる記念碑的論集。

▼240頁／本体3000円

37 鄭氏台湾史――鄭成功三代の興亡実紀

林田芳雄著　日中混血の快男子鄭成功三代の史実―明末には忠臣・豪傑と崇められ、清代には海寇・逆賊と貶され、民国以降は民族の英雄と祭り上げられ、二三年間の台湾王国を築いた波瀾万丈の物語を一次史料をもとに台湾史の視点より描き出す。

▼330頁／本体3800円

38 中国民主化運動の歩み――「党の指導」に抗して――

平野　正著　本書は、中国の民主化運動の過程を「党の指導」との関係で明らかにしたもので、解放直前から八〇年代までの中共の「指導」に対抗する人民大衆の民主化運動を実証的に明らかにし、加えて「中国社会主義」の特徴を概括的に論ずる。

▼264頁／本体3000円